# Gerenciando a si mesmo

10 LEITURAS ESSENCIAIS Harvard Business Review

# Gerenciando a si mesmo

Artigos fundamentais da **Harvard Business Review** sobre como administrar a própria carreira

Harvard Business Review Press

SEXTANTE

Título original: *HBR's 10 Must Reads on Managing Yourself*



*preparo de originais*
Livia Almeida

*revisão*
Hermínia Totti e Rebeca Bolite

*adaptação de projeto gráfico e diagramação*
DTPhoenix Editorial

*capa*
DuatDesign

*impressão e acabamento*
Pancrom Indústria Gráfica Ltda.

CIP-BRASIL. CATALOGAÇÃO NA PUBLICAÇÃO
SINDICATO NACIONAL DOS EDITORES DE LIVROS, RJ

---

G317 Gerenciando a si mesmo/ Clayton M. Christensen... [et al.]; [Harvard Business Review]; tradução de HBR Harvard Business Review Brasil. Rio de Janeiro: Sextante, 2018.
208 p.; 16 x 23 cm. (Coleção Harvard: 10 leituras essenciais)

Tradução de: HBR's 10 must reads on managing yourself
ISBN 978-85-431-0648-9

1. Gestão. 2. Liderança. 3. Negócios – Administração. I. Christensen, Clayton M. II. Série.

CDD: 658.3
18-49314 CDU: 005.95/.96

---


GMT Editores Ltda.
Rua Voluntários da Pátria, 45 – Gr. 1.404 – Botafogo
22270-000 – Rio de Janeiro – RJ
Tel.: (21) 2538-4100 – Fax: (21) 2286-9244
E-mail: atendimento@sextante.com.br
www.sextante.com.br

# Sumário

ARTIGO BÔNUS

# Que critérios pautarão sua vida?

*Clayton M. Christensen*

ANTES DO LANÇAMENTO do meu livro *O dilema da inovação*, recebi uma ligação de Andrew Grove, então presidente da Intel.

Grove tinha lido um de meus primeiros trabalhos sobre tecnologia disruptiva e me convidou a apresentar minha tese para seus principais executivos e explicar o que ela significava para a Intel. Animado, peguei um avião até o Vale do Silício e apareci na hora marcada. Mal cheguei, e Grove foi logo dizendo: "Escute, houve um imprevisto. Temos apenas 10 minutos. Diga o que o modelo de disrupção significa para a Intel." Respondi que não era possível, que precisava de 30 minutos para explicar o modelo, pois qualquer observação sobre a Intel só faria sentido com essa contextualização. Depois de 10 minutos de conversa, Grove me interrompeu: "Já entendi o modelo. Por favor, diga apenas o que isso significa para a Intel."

Insisti que precisava de mais 10 minutos para explicar como o processo se desenvolvera numa indústria bem distinta – a siderúrgica –, para que ele e a equipe pudessem entender a trajetória da disrupção. Contei como a Nucor e outras miniusinas investiram na ponta mais desvalorizada do mercado

– vergalhões para concreto armado – e depois avançaram para segmentos nobres, minando a participação de mercado das siderúrgicas tradicionais.

Quando terminei a história dessas *miniusinas*, Grove exclamou: "Ah! Entendi. O que isso significa para a Intel é que..." Em seguida, esboçou o que viria a ser a estratégia da empresa para explorar a base do mercado com o novo processador Celeron.

De lá para cá, refleti sobre o episódio um milhão de vezes. Se tivesse cedido à pressão e falado o que ele deveria pensar sobre o setor de microprocessadores, eu estaria liquidado. Em vez de dizer o que pensar, mostrei como devia pensar – e assim Grove chegou sozinho à decisão que julgou correta.

Essa experiência me influenciou profundamente. Quando me perguntam o que acho que devem fazer, raramente dou uma resposta direta. Em vez disso, reestruturo a questão usando um de meus modelos. Explico como o processo no modelo em questão se deu num setor totalmente distinto. Com frequência, escuto um "Ah, entendi". A resposta a que chegam é muito mais perspicaz do que qualquer coisa que eu poderia articular.

O curso que dou na Harvard Business School (HBS) é estruturado para ajudar o aluno a entender o que é – e como se constrói – uma boa teoria de gestão. A esse eixo acrescento outros modelos ou teorias que ajudam a pensar nos distintos aspectos do papel de um administrador ao estimular a inovação e o crescimento. A cada aula analisamos uma empresa com base nessas teorias – usando-as para explicar como se chegou à situação em questão e para definir que ações gerenciais trarão os resultados necessários.

No último dia de aula, peço aos alunos que dirijam essas lentes teóricas para si mesmos a fim de encontrar respostas convincentes a três perguntas. Como garantir que serei feliz na carreira? Como garantir que a relação com meu cônjuge e minha família seja uma fonte de felicidade duradoura? E como garantir que não vou parar na cadeia? Essa última pergunta parece uma brincadeira – mas não é. Entre os 32 alunos da minha turma de bolsistas Rhodes em Oxford, dois estiveram atrás das grades. Jeff Skilling, da Enron, estudou comigo na HBS. Todos eram bons sujeitos, mas algo na vida deles fez com que tomassem a direção errada.

Enquanto a turma discute as respostas, uso a história da minha vida como uma espécie de estudo de caso para mostrar como é possível aplicar as teorias examinadas para nortear decisões pessoais.

## Em resumo

Christensen ensina na Harvard Business School como aplicar as teorias de gestão e de inovação para desenvolver empresas mais sólidas. Mas ele também acredita que esses modelos podem ajudar as pessoas a viverem melhor. É o que explica neste artigo, explorando perguntas que todos deveriam fazer. Como ser feliz na carreira? Como ter certeza de que a relação com a família será uma fonte de felicidade duradoura? E como levar uma vida íntegra? A resposta para a primeira pergunta vem de Frederick Herzberg, que afirma que a mais poderosa das motivações não é o dinheiro, e sim a oportunidade de aprender, assumir responsabilidades, contribuir e obter reconhecimento. É por isso que a gestão, quando bem praticada, pode ser a mais nobre das ocupações. Nenhuma outra oferece tantas formas de ajudar as pessoas a encontrar essas oportunidades. Não se trata de compra, venda e investimento em empresas, como tantos imaginam. Os princípios da alocação de recursos contribuem para manter a felicidade doméstica. Caso não seja gerenciado com maestria, o que emerge de um processo de alocação de recursos pode ser muito diferente da estratégia pretendida. O mesmo acontece na vida: se não houver um claro sentido de propósito, é provável que haja desperdício de tempo e de energia para se obter os sinais de progresso mais tangíveis, de curto prazo, deixando de lado o que é realmente importante para você. E da mesma forma que manter o foco nos custos marginais costuma levar a más decisões corporativas, isso também faz com que as pessoas percam o rumo. O custo marginal de fazer algo errado "apenas desta vez" sempre parece ser sedutoramente baixo; não se vê aonde tal caminho vai levar. A chave para o sucesso é definir seus valores e estabelecer limites em terreno seguro.

Uma das teorias que lança luz sobre a primeira questão – como ser feliz na carreira – é de autoria de Frederick Herzberg. Segundo ele, a maior das motivações na vida não é o dinheiro, e sim a oportunidade de aprender, de assumir responsabilidades, de colaborar, de obter reconhecimento pelas conquistas realizadas. Falo aos alunos sobre uma espécie de visão que tive quando dirigia a empresa que fundei antes de iniciar a carreira acadêmica. Visualizei uma das gerentes saindo cedo para o trabalho com a autoestima relativamente alta. Em seguida, imaginei-a voltando para casa 10 horas depois, sentindo-se desvalorizada, frustrada, subaproveitada, humilhada. Refleti sobre o profundo impacto que essa queda na autoestima teria em sua relação com os filhos. A imagem em minha cabeça avançou então para outro dia, no qual ela chegava em casa com a autoestima elevada – com a sensação de ter aprendido muito, de ter obtido reconhecimento e de ter exercido um papel relevante no sucesso de iniciativas importantes. Imaginei o impacto positivo que isso teria nela como esposa e mãe. Minha conclusão? Quando bem exercida, a gestão é a mais nobre das profissões. Nenhuma outra ocupação nos dá tantas possibilidades de ajudar o outro a aprender e a crescer, a assumir responsabilidades e a ter seus feitos reconhecidos, e contribuir para o sucesso de uma equipe.

Aumenta o número de estudantes que chegam ao MBA pensando que uma carreira no mundo dos negócios significa comprar, vender e investir em empresas. É uma pena. Fechar negócios não traz gratificação tão profunda quanto ajudar alguém a se desenvolver. Quero que todo aluno saia da minha aula ciente disso.

## Trace uma estratégia para sua vida

Uma teoria que ajuda na resposta à segunda questão – como garantir que a relação com a família seja uma fonte permanente de felicidade? – relaciona-se com o modo como se define e se implementa uma estratégia. O principal insight, aqui, é que a estratégia de uma empresa é determinada pelo tipo de iniciativa que merece investimentos dos gestores. Se o processo de alocação de recursos não for conduzido com maestria, o resultado pode ser muito distinto do que aquilo que os gestores pretendiam. Como os sistemas de tomada de decisão em empresas são feitos para canalizar investimentos para ações que oferecem retornos mais tangíveis e imediatos, iniciativas cruciais para a estratégia a longo prazo podem ficar à míngua.

Ao longo dos anos, acompanhei o destino de meus colegas da turma de 1979 da HBS. A cada reencontro, estavam mais e mais infelizes, divorciados, distante dos filhos. Posso garantir que ninguém ali se formou com a deliberada estratégia de se divorciar e de criar filhos de quem acabariam tão afastados. No entanto, um número espantoso desses indivíduos implementou essa estratégia. O motivo? Não mantiveram o propósito de sua vida no centro das prioridades ao decidir como empregar tempo, talentos e energia.

É impressionante que uma considerável parcela dos 900 alunos selecionados anualmente pela HBS entre os melhores do mundo pouco tenha pensado sobre o propósito de sua vida. Digo a esses alunos que a HBS pode ser uma das últimas oportunidades para refletir a fundo sobre a questão. Se acham que terão mais tempo e energia no futuro, estão loucos, pois as obrigações da vida só aumentam: é o financiamento da casa própria, a jornada de trabalho de 70 horas semanais, o cuidado com a família...

Para mim, foi essencial ter um propósito claro na vida. Mas esse é um conhecimento que só alcancei depois de muita reflexão. Quando recebi a bolsa Rhodes para estudar em Oxford, adotei um programa de estudos muito severo. Queria encaixar, no tempo que ficaria ali, o equivalente a mais um ano de curso. Na época, resolvi passar uma hora por noite lendo e pensando sobre o motivo para Deus ter me colocado no mundo. Era um compromisso desafiador, pois cada hora que eu dedicava a essa atividade era uma hora a menos para estudar econometria aplicada. Tinha dúvidas se podia realmente me dar ao luxo de fazer aquela pausa nos estudos, mas fui em frente – e, no final, descobri meu propósito.

Se tivesse passado aquela hora do dia aprendendo as últimas técnicas para solução de problemas de autocorrelação na análise de regressão, minha vida teria sido muito mal aproveitada. Aplico as ferramentas da econometria poucas vezes ao ano. Emprego o conhecimento sobre meu propósito diariamente. É a coisa mais útil que aprendi. Garanto a meus alunos que, se dedicarem tempo para descobrir o propósito de suas vidas, um dia perceberão que essa foi a lição mais importante que aprenderam na HBS. Sem esse conhecimento, navegarão sem leme, açoitados pelas águas agitadas do percurso. Ter clareza em relação a seu propósito é mais importante do que dominar o custeio baseado em atividades, *balanced scorecards*, as competências centrais, a inovação disruptiva, os quatro Ps e as cinco forças.

Meu propósito nasceu de minha fé religiosa, mas a fé não é a única a servir de norte para o indivíduo. Um ex-aluno meu, por exemplo, decidiu que seu propósito era promover a honestidade e a prosperidade econômica

## Turma de 2010 da Harvard Business School

"Entrei sabendo exatamente o que queria fazer depois – e agora saio disposta a fazer exatamente o oposto. Trabalhei a vida inteira na iniciativa privada, pois todo mundo sempre me disse que era para lá que iam as melhores mentes. Mas decidi trabalhar para o governo e ver se consigo encontrar mais sentido.

Sempre achei que trabalhar numa empresa era muito seguro. A recessão demonstrou que nada é seguro."

**Ruahana Hafiz**
**Planos:** trabalhar como assessora especial no FBI

"A mudança ocorrida na HBS era palpável. Antes, a prioridade na hora de buscar um emprego era o salário. Quando ganhamos rios de dinheiro, queremos mais ainda. É irônico. Começamos a esquecer o que traz felicidade e o que é realmente importante. Hoje, muita gente na universidade encara o dinheiro de outra forma. O raciocínio é 'Qual é o mínimo de que preciso e o que mais é importante em minha vida?', em vez de 'Em que lugar vou poder obter o máximo de ambos?'."

**Patrick Chun**
**Planos:** trabalhar na Bain Capital

"A crise financeira me ajudou a perceber que, na vida, é preciso fazer algo que a gente realmente ame. Hoje, minha visão do sucesso é fundada no impacto que posso

em seu país e criar os filhos para que tivessem o mesmo compromisso com essa causa. Seu propósito é centrado na família e nos outros – assim como o meu.

A escolha de uma profissão e a busca do sucesso são apenas duas entre várias ferramentas para atingir um propósito. Sem um propósito, a vida pode se tornar vazia.

### Distribua seus recursos com sabedoria

Suas decisões sobre a alocação de tempo, energia e talento definem, em última instância, a estratégia para sua vida.

causar, na experiência que posso adquirir e na felicidade que posso encontrar – muito mais do que na busca de dinheiro ou prestígio. O que me motiva hoje é estar com minha família e com gente querida; fazer algo prazeroso, emocionante e impactante; e investir, a longo prazo, numa carreira de empreendedor, na qual possa erguer empresas que mudem o jeito como o mundo funciona."

**Matt Salzberg**
**Planos:** trabalhar na Bessemer Venture Partners

"Como estou de volta à McKinsey, pode parecer que, para mim, não houve grandes mudanças. Mas, enquanto estava na HBS, decidi fazer mais uma pós, na Kennedy School. Com as eleições americanas em 2008 e a crise na economia, parecia mais interessante procurar entender melhor o setor público e o terceiro setor. De certa forma, isso influenciou minha volta à McKinsey, pois lá será possível trabalhar com os setores público, privado e sem fins lucrativos.

A recessão nos levou a parar e constatar a sorte que temos. Para nós, a crise traz a dúvida: 'Será que vou ter emprego em abril?' Já para muita gente, a dúvida é: 'Será que vamos conseguir manter nossa casa?'"

**John Coleman**
**Planos:** voltar à McKinsey & Company

Tenho uma série de "negócios" que competem por esses recursos: tento manter uma relação gratificante com minha mulher, criar bem nossos filhos, colaborar com a comunidade, ter uma carreira de sucesso, contribuir para a igreja e por aí vai. E meu problema é exatamente o mesmo de uma empresa: se tenho uma quantidade limitada de tempo, energia e talento, quanto devo dedicar a cada uma de minhas atividades?

Decisões sobre a distribuição dos recursos "intangíveis" podem tornar a vida muito diferente do que o sonhado. Às vezes, é bom – como quando aparecem oportunidades inesperadas, por exemplo. Mas, se investir mal seus recursos, o resultado pode ser desastroso. Quando penso naqueles colegas que investiram inadvertidamente numa vida vazia, sem felicidade, sou levado a crer que seus conflitos têm relação com uma perspectiva de curto prazo.

Quando têm meia hora livre ou alguma energia de sobra, indivíduos ambiciosos – e isso inclui qualquer aluno da Harvard Business School – aplicam, sem pensar, esses recursos em atividades com retornos mais concretos. E é a carreira que apresenta a evidência mais concreta quando existe um avanço. Despachamos um produto, terminamos um projeto, fazemos uma apresentação, fechamos uma venda, damos uma aula, publicamos um estudo, recebemos um pagamento, somos promovidos. Em comparação, investir tempo e energia na relação com o cônjuge e os filhos não costuma produzir essa mesma sensação imediata de realização. As crianças aprontam todos os dias. Só depois de uns 20 anos mais ou menos é que dá para botar as mãos nos quadris e dizer: "Puxa, criei bem meu filho, minha filha." É possível negligenciar a relação conjugal sem que haja sinais no cotidiano de que as coisas estão deteriorando. Quem é movido pelo sucesso tem uma propensão inconsciente a realizar investimentos insuficientes na família e excessivos na carreira – embora a relação de intimidade e carinho com os seus entes queridos seja a fonte de felicidade maior e mais duradoura.

Busque a origem de grandes fiascos empresariais e você encontrará repetidamente essa predisposição a façanhas que dão gratificação imediata. Se examinarmos vidas pessoais sob a mesma perspectiva, também veremos este padrão triste e estarrecedor: indivíduos que destinam cada vez menos recursos àquilo que, no passado, declararam ser seu bem maior.

## Crie uma cultura

No meu curso, há um modelo importante chamado Ferramentas de Cooperação. Em termos básicos, levanta a questão de que ser um gestor visionário não é tudo isso que dizem por aí. Uma coisa é enxergar com clareza em meio à névoa do futuro e traçar as correções de rumo que a empresa deve tomar. Outra, bem distinta, é convencer funcionários que talvez não sejam capazes de ver as mudanças à frente a se unirem e a cooperarem para levar a empresa nessa nova direção. Saber quais ferramentas implementar para obter a cooperação necessária é uma habilidade fundamental de gestão.

A teoria distribui essas ferramentas em duas dimensões. Uma delas mede o grau de consenso dos membros da organização acerca do que desejam de sua participação no empreendimento. A outra avalia se concorda com as ações que produzirão os resultados desejados. Quando há pouco acordo nesses dois eixos, é preciso usar "ferramentas de força" (coação, ameaça, punição e outras) para assegurar a cooperação. Muitas empresas começam por esse quadrante, razão pela qual a equipe executiva inicial deve exercer papel bem assertivo ao definir o que precisa ser feito e como. Se a forma com que os funcionários realizam essas tarefas é bem-sucedida repetidas vezes, surge um consenso. Edgar Schein, do Massachusetts Institute of Technology (MIT), descreveu esse processo como o mecanismo pelo qual se cria uma cultura. Em última instância, ninguém chega a pensar se é seu modo de agir que gera o sucesso. Todos acatam prioridades e seguem procedimentos por instinto e suposição, não por uma decisão explícita. Isso significa que se criou uma cultura. De modo incisivo porém tácito, a cultura determina os métodos comprovados e aceitáveis pelos quais os membros do grupo devem lidar com problemas recorrentes, definindo também a prioridade dada a cada tipo de problema. Pode ser uma poderosa ferramenta de gestão.

Ao usar esse modelo para abordar a questão "Como garantir que minha família seja uma fonte constante de felicidade?", meus alunos rapidamente percebem que as ferramentas mais simples dos pais para obter a cooperação dos filhos são ferramentas de força. Mas chega um momento, durante a adolescência, em que esse instrumental perde o efeito. Nessa hora, os pais lamentam não ter trabalhado com os filhos desde cedo para criar em casa uma cultura na qual cada um instintivamente respeita os irmãos, obedece aos pais e escolhe fazer o que é certo. As famílias têm culturas, assim como as empresas. E essa cultura pode ser estabelecida conscientemente ou evoluir ao acaso.

Se quiser que seus filhos tenham uma forte autoestima e confiem na própria capacidade de resolver problemas difíceis, saiba que essas qualidades não vão surgir por mágica lá na frente, quando chegarem ao ensino médio. É preciso integrá-las à cultura da família – e pensar nisso desde cedo. Assim como os funcionários de uma empresa, a criança adquire autoestima ao fazer coisas difíceis e descobrir o que funciona.

## Evite o erro do "custo marginal"

Em aulas de finanças e economia, aprendemos que, ao avaliar distintas opções de investimento, devemos ignorar custos irrecuperáveis e fixos e basear a decisão no custo marginal e na receita marginal que cada alternativa implica. Já em meu curso vemos que essa doutrina predispõe a empresa a alavancar o que foi usado para obter sucesso no passado em vez de incentivá-la a adquirir os recursos de que precisará no futuro. Se soubéssemos que o futuro seria exatamente como o passado, não haveria problema. Mas, se o futuro for diferente – e quase sempre é –, essa abordagem é incorreta.

Essa teoria se aplica à terceira questão que discuto com meus alunos – como viver uma vida íntegra (ou não acabar na cadeia). Ao escolher entre o certo e o errado em nossa vida pessoal, costumamos empregar inconscientemente a doutrina do custo marginal. Uma voz em nossa cabeça diz: "Sei que, em geral, a maioria das pessoas não deveria fazer isso. Mas, nestas circunstâncias atenuantes específicas, só desta vez, tudo bem." O custo marginal de fazer algo errado "só desta vez" sempre parece sedutoramente baixo. Mas é algo que traga o indivíduo, que nem sequer examina onde o caminho vai desembocar e todos os custos que a decisão acarreta. A justificativa para a traição e a desonestidade em todas as suas manifestações está na matemática do custo marginal do "só desta vez".

Gostaria de contar como compreendi o dano potencial do "só desta vez" em minha própria vida. Eu fazia parte do time de basquete da Universidade de Oxford. Suamos a camisa para chegar invictos ao fim da temporada. Os jogadores eram os melhores amigos que já tivera. Fomos disputar o campeonato da liga inglesa de basquete universitário – e ficamos entre os quatro finalistas. O título seria definido num jogo marcado para um domingo – mas, aos 16 anos, eu assumira perante Deus o compromisso de nunca jogar bola aos domingos. Procurei o técnico e expliquei o problema. Ele não conseguia acreditar, muito menos meus companheiros, pois eu era o pivô. Todos vieram falar comigo: "Você tem que jogar. Não dá para abrir uma exceção só desta vez?"

Religioso que sou, fui embora e rezei, pedindo orientação. Tive uma sensação muito nítida de que não deveria romper meu compromisso – e por isso não joguei nas finais do campeonato.

Sob muitos aspectos, era uma decisão pequena, que envolvia um dos milhares de domingos da minha vida. Em tese, poderia ter transigido só aquela vez e nunca mais ter voltado a fazê-lo. Mas hoje acredito que ter resistido à tentação cuja lógica era "nestas circunstâncias atenuantes específicas, só desta vez, tudo bem" provou ser uma das decisões mais importantes da minha vida. Por quê? Porque minha vida foi uma sucessão infindável de circunstâncias atenuantes. Se eu abrisse uma exceção, teria voltado a fazê-lo muitas vezes depois.

A lição que aprendi é que é mais fácil ser fiel a seus princípios 100% do tempo do que 98% do tempo. Se ceder "só desta vez" com base na análise de custo marginal, como alguns de meus ex-colegas, você se arrependerá. É preciso definir para si mesmo quais são seus valores e traçar o limite num ponto seguro.

## Lembre-se da importância da humildade

Cheguei a esse insight quando fui chamado a dar uma aula sobre humildade em Harvard. Pedi aos alunos que descrevessem a pessoa mais humilde que conheciam. Uma característica comum a todos os citados se destacava: a forte autoestima. Sabiam quem eram e se sentiam bem consigo mesmos. Concluímos, ainda, que humildade não é definida pela conduta ou pela atitude autodepreciativa, mas pela estima reservada ao outro. O bom comportamento flui naturalmente dessa humildade. Por respeitar o próximo, por exemplo, você jamais roubaria. Tampouco mentiria para alguém.

É crucial ter humildade ao se lançar ao mundo. Ao chegar a uma universidade de elite, quase todo o seu aprendizado terá vindo de gente mais inteligente e mais experiente do que você: pais, professores, chefes. Mas, ao sair da Harvard Business School ou de qualquer outra instituição acadêmica renomada, a vasta maioria das pessoas com quem vai interagir no dia a dia talvez não tenha a mesma bagagem. Se acreditar que somente alguém com conhecimentos superiores tem algo a lhe ensinar, suas oportunidades de aprendizado serão muito restritas. Mas se tiver o desejo humilde de aprender algo com toda e qualquer pessoa, suas oportunidades de aprendizado serão ilimitadas.

Para ser humilde, em geral, é preciso se sentir bem de verdade consigo mesmo – e é preciso ajudar aqueles a seu redor a se sentirem bem na própria pele. Quando vemos alguém tratando o outro de forma rude, arrogante ou humilhante, esse comportamento é quase sempre um sintoma de falta de autoestima. Essa pessoa precisa tratar alguém mal para se sentir bem intimamente.

## Escolha o parâmetro certo

Ano passado, recebi o diagnóstico de câncer. Precisei encarar a possibilidade de que minha vida chegaria ao fim antes do que eu planejara. Felizmente, parece que serei poupado. Mas a experiência me forneceu um importante insight.

Tenho uma noção bem clara de como minhas ideias trouxeram enorme ganho para empresas que as usaram; sei que tive um impacto significativo. Mas, ao enfrentar essa doença, foi interessante perceber como isso é irrelevante para mim hoje em dia. Cheguei à conclusão de que o critério pelo qual Deus vai avaliar minha vida não é o financeiro. O que contará é cada indivíduo cuja vida toquei.

Creio que assim será para todos nós. Não fique pensando em quanto destaque pessoal você obteve; pense nos indivíduos a quem ajudou a se tornarem pessoas melhores. Esta é minha recomendação final: pense nos critérios pelos quais sua vida será julgada e adote a resolução de viver todo dia de modo que, no final, essa vida seja considerada um sucesso.

**Publicado originalmente em julho de 2010.**

1

# Gestão de si mesmo

*Peter F. Drucker*

GRANDES REALIZADORES DA HISTÓRIA – Napoleão, Leonardo da Vinci, Mozart – sempre foram gestores de si mesmos. Em boa medida, foi essa a razão de seu sucesso. Mas estamos falando de exceções, de indivíduos tão excepcionais em talento e em realizações que podem ser considerados além dos parâmetros de normalidade da existência humana. Atualmente a maioria das pessoas, mesmo aquelas com atributos modestos, precisa aprender a gerenciar a própria vida. Temos que aprender a nos desenvolver, a nos posicionar onde poderemos dar a maior contribuição possível e a estar mentalmente alertas e comprometidos durante 50 anos de uma vida profissional, o que significa saber como e quando mudar o trabalho que realizamos.

## Quais são meus pontos fortes?

A maioria das pessoas acha que sabe quais são seus pontos fortes ou potencialidades. Em geral, estão erradas. Com frequência, conhecem melhor suas fraquezas – e, mesmo assim, muitas se enganam. No entanto, um desempenho de alto nível depende apenas das potencialidades de cada um. Não é possível alcançá-lo com base nos pontos fracos, muito menos com base naquilo que não se consegue realizar de forma alguma.

Ao longo da história da humanidade, não houve necessidade de conhecer os próprios pontos fortes. Uma pessoa nascia numa posição social e com uma ocupação predefinida por seus antepassados: o filho do camponês seria camponês, a filha do artesão deveria se casar com um artesão e assim por diante. Mas hoje temos opções. Precisamos conhecer nossas qualidades para saber onde nos inserir.

A única forma de descobri-las é por meio de análise de feedback. Sempre que você tomar uma decisão importante ou realizar uma ação de peso, anote os resultados esperados. Nove ou 12 meses depois, compare os resultados reais com suas expectativas. Pratico esse método há mais de 20 anos e toda vez me surpreendo. A análise de feedback me mostrou, por exemplo – e para minha grande surpresa –, que tenho afinidade intuitiva com pessoas da área técnica, como engenheiros, contadores ou pesquisadores de mercado, e que realmente não me afino com pessoas de funções mais generalistas.

A análise de feedback não é um conceito novo. Foi inventada no século XIV por um teólogo alemão desconhecido e recuperada cerca de 150 anos depois por João Calvino e Inácio de Loiola, de forma independente. Ambos a incorporaram às práticas recomendadas a seus seguidores. Aliás, o foco constante em desempenho e resultados que esse hábito produz explica por que as instituições fundadas por esses dois homens – a Igreja calvinista e a Companhia de Jesus – dominaram a Europa em menos de 30 anos.

A prática consistente desse método simples lhe indicará em pouco tempo, talvez dois ou três anos, quais são seus pontos fortes – e é muito importante conhecê-los. O método mostrará o que você faz ou deixa de fazer que o impede de se beneficiar de forma plena de suas potencialidades. Também revelará em que você não é particularmente competente e, por fim, as áreas em que suas potencialidades são reduzidas e, portanto, você não produzirá bons resultados.

Várias implicações para a ação decorrem da análise de feedback. Em primeiro lugar, concentre-se em suas potencialidades. Coloque-se onde vão produzir melhores resultados.

## Em resumo

Vivemos numa era de oportunidades sem precedentes: se você tem ambição, disposição e inteligência, pode chegar ao topo da carreira que escolheu – independentemente do ponto em que começou. Mas com a oportunidade vem a responsabilidade. Hoje em dia as empresas não administram a carreira dos trabalhadores do conhecimento. Cada um precisa ser seu CEO.

Em suma, cabe a você se esforçar para conseguir um lugar no mercado de trabalho e saber quando mudar de rumo. E cabe a você manter-se comprometido e produtivo durante sua vida profissional, que pode chegar a 50 anos ou mais.

Para fazer tudo isso bem, você precisa se conhecer a fundo. Quais são seus pontos fortes mais valiosos e seus pontos fracos mais perigosos? Como você aprende e trabalha com os outros? Que valores pessoais você mais preza? E em que tipo de ambiente de trabalho pode dar sua melhor contribuição?

Uma coisa é certa: somente a combinação de suas potencialidades e do autoconhecimento permitirá a você atingir a verdadeira – e duradoura – excelência.

Segundo, trabalhe para aprimorar esses pontos fortes. A análise indicará rapidamente onde você precisa melhorar ou adquirir novas habilidades e deixará claro onde estão suas lacunas de conhecimento – que, em geral, podem ser preenchidas. Algumas pessoas nascem com o dom para a matemática, mas qualquer um é capaz de aprender trigonometria.

Terceiro, descubra onde sua arrogância intelectual está gerando ignorância paralisante e supere-a. Muitos profissionais – principalmente aqueles com grande expertise em determinada área – desdenham o conhecimento de outras áreas ou acreditam que a inteligência substitui o conhecimento. Engenheiros altamente qualificados, por exemplo, costumam se orgulhar de não saber nada sobre como lidar com pessoas. Para eles, o ser humano é desorganizado demais para uma boa mente lógica. Profissionais de RH, por sua vez, em geral se orgulham de ser ignorantes em contabilidade básica ou em métodos quantitativos. Orgulhar-se dessa ignorância é um comportamento autodestrutivo. Procure se esforçar para adquirir as habilidades e o conhecimento necessários à plena realização de suas potencialidades.

É igualmente indispensável livrar-se dos maus hábitos que inibem sua eficiência e seu desempenho. Esses vícios logo aparecerão no feedback. Um especialista em planejamento, por exemplo, pode achar que seus projetos fracassam porque não os acompanha até o fim para checar os resultados. Como tantas outras mentes brilhantes, ele acredita que as ideias movem montanhas. A realidade é que escavadeiras movem montanhas. Ideias indicam onde as escavadeiras devem cavar. Esse especialista deve aprender que o trabalho não termina quando o projeto está pronto. É preciso encontrar pessoas para executá-lo; explicar o que se espera delas; fazer adaptações e mudanças durante o desenvolvimento; e, por fim, decidir quando parar.

O feedback revela também quando o problema é uma questão de falta de boas maneiras. A boa conduta funciona como o lubrificante de uma organização. A física demonstra que dois corpos, ao entrar em contato, criam atrito. Esse princípio vale para objetos inanimados e também para seres humanos. Bons modos – coisas simples, como dizer "por favor" e "obrigado", saber o nome dos colegas ou perguntar pela família deles – permitem que dois indivíduos trabalhem juntos, mesmo que não se gostem. Muitos profissionais brilhantes, sobretudo os mais jovens, não entendem isso. Se a análise mostra que o trabalho de alguém fracassa repetidamente sempre que ele precisa trabalhar em equipe, é provável que isso seja indício de falta de cortesia – isto é, falta de educação.

Comparar as expectativas com os resultados também sinaliza o que você não deve fazer. Todos contamos com áreas nas quais não temos nenhum talento ou habilidade e, consequentemente, poucas chances de sair da mediocridade. Nessas áreas o indivíduo – sobretudo o profissional do conhecimento – não deve assumir tarefas ou atribuições. Não se deve desperdiçar esforços para aprimorar áreas nas quais nossa competência é baixa. Consome-se muito mais energia e trabalho para passar da incompetência à mediocridade do que para passar do ótimo desempenho à excelência. No entanto, a maioria das empresas e dos profissionais

## Na prática

Para construir uma vida de excelência, comece fazendo a si mesmo as seguintes perguntas:

**"Quais são meus pontos fortes?"**
Para identificar seus pontos fortes com precisão, utilize a **análise de feedback**. Depois de cada decisão importante, anote o resultado esperado. Vários meses depois, compare os resultados reais com suas expectativas. Procure padrões: que tipos de resultado você é capaz de gerar? Que habilidades precisa melhorar para obter os resultados desejados? Ao identificar uma oportunidade de aprimoramento, não perca tempo cultivando habilidades em áreas nas quais sua competência é baixa. Em vez disso, concentre-se em suas potencialidades e desenvolva-as da melhor forma possível.

**"Como eu trabalho?"**
De que forma você trabalha melhor? Você processa informações com mais eficiência com a leitura ou ao ouvir os outros? É mais produtivo trabalhando em equipe ou sozinho? Seu desempenho é melhor quando toma decisões ou quando dá conselhos sobre assuntos importantes? Sente-se bem nos momentos estressantes ou funciona melhor num ambiente previsível?

**"Quais são meus valores?"**
Qual é sua ética? Que responsabilidades você precisa assumir para viver uma vida digna e ética? A ética de sua organização está em sintonia com seus valores? Sem isso, sua carreira provavelmente será marcada por frustração e desempenho insatisfatório.

**"Que carreira devo seguir?"**
Analise seus pontos fortes, estilo de trabalho preferido e valores. Com base nesses aspectos, descubra onde se encaixa melhor e você deixará de ser um funcionário mediano para se tornar um profissional de alto nível.

**"Qual deve ser minha contribuição?"**
No passado as empresas diziam aos executivos qual deveria ser sua contribuição. Atualmente, você tem escolhas. Para decidir como melhorar o desempenho de sua organização, primeiro entenda o que a situação exige. Em seguida, com base em seus pontos fortes, estilo de trabalho e valores, pergunte-se como poderia dar sua melhor contribuição para os esforços de sua organização.

– sobretudo professores – se esforça para transformar profissionais incompetentes em medíocres. Em vez disso, os recursos, o tempo e a energia deveriam ser gastos para transformar uma pessoa competente em um astro do desempenho.

## Como desenvolvo meu trabalho?

Curiosamente, pouca gente sabe de que forma cumpre as próprias tarefas. Na verdade, a maioria de nós não entende sequer que cada um trabalha e funciona de um jeito. Muitos trabalham de uma forma diferente da que é a natural para eles, o que é quase uma garantia de desempenho insatisfatório. Para profissionais do conhecimento, a pergunta "Como desenvolvo meu trabalho?" pode ser ainda mais importante que "Quais são meus pontos fortes?".

Da mesma maneira que nossas potencialidades, nosso jeito de desempenhar o trabalho é único. É uma questão de personalidade. Quer a personalidade seja algo inato ou aprendido, o fato é que ela certamente se forma muito antes do início da vida profissional. E o modo de agir é característico de cada indivíduo, assim como seus pontos fortes e fracos. É possível mudar um pouco o jeito de uma pessoa trabalhar, mas é improvável que mude por completo – e a mudança certamente não será nada fácil. Da mesma forma que as pessoas conseguem bons resultados fazendo algo em que são boas, também conseguem bons resultados trabalhando em condições que propiciem melhor desempenho. Em geral, alguns traços comuns de personalidade determinam sua forma de trabalhar.

## Sou um leitor ou um ouvinte?

A primeira coisa é saber se você é leitor ou ouvinte. Pouquíssimas pessoas sabem que essas categorias existem e que raramente alguém se encaixa nas duas. Alguns exemplos evidenciam como essa falta de conhecimento pode ser prejudicial.

Quando Dwight Eisenhower era comandante supremo das Forças Aliadas na Europa, a imprensa o adorava. Suas entrevistas eram famosas pelo estilo – o general Eisenhower demonstrava total domínio sobre qualquer pergunta e capacidade de descrever uma situação e explicar uma política em duas ou três frases elegantes e bem elaboradas. Dez anos depois, com o militar na presidência dos Estados Unidos, os mesmos jornalistas que o admiravam passaram a desprezá-lo. Segundo eles, o presidente Eisenhower nunca abordava um assunto de fato, apenas divagava sobre outras coisas. Eles o ridicularizavam por assassinar a língua inglesa com respostas incoerentes e gramaticalmente incorretas.

Eisenhower, ao que parece, ignorava que era um leitor, não um ouvinte. Quando foi comandante supremo na Europa, seus assistentes exigiam que todas as perguntas da imprensa fossem apresentadas por escrito pelo menos meia hora antes da entrevista. Dessa forma, Eisenhower se sentia no controle da situação. Ao se tornar presidente, ele sucedeu Franklin D. Roosevelt e Harry Truman. Os dois sabiam que eram ouvintes e preferiam dar entrevistas coletivas sem regras prévias, e talvez Eisenhower tenha pensado que deveria seguir o exemplo dos antecessores. Resultado: ele nem sequer ouvia as perguntas dos jornalistas. E Eisenhower nem é um exemplo extremo de não ouvinte.

Alguns anos depois, Lyndon Johnson arruinou sua presidência em grande medida por não saber que era um ouvinte. Seu antecessor, John Kennedy, era um leitor que contava com a assistência de um brilhante grupo de redatores que enviava a ele por escrito o que seria discutido depois, pessoalmente. Johnson manteve esses profissionais em sua equipe – e eles continuaram com o mesmo estilo de trabalho. Ao que parece, ele nunca entendia uma palavra do que os redatores escreviam. Como senador, porém, Johnson foi brilhante, porque parlamentares precisam, acima de tudo, ouvir.

Poucos ouvintes podem se converter ou ser convertidos em leitores competentes, e vice-versa. O ouvinte que tentar ser leitor terá o mesmo destino de Lyndon Johnson, e o leitor que tentar ser ouvinte terá o mesmo destino de Dwight Eisenhower. Não alcançarão bom desempenho nem realização.

### Como eu aprendo?

O segundo aspecto que influencia o desempenho profissional é a forma como a pessoa aprende. Muitos redatores excepcionais – Winston Churchill, por exemplo – tiveram baixo desempenho escolar. Para eles, foi uma época de tortura. Seus colegas de turma, no entanto, não guardam a mesma lembrança. Talvez não tenham gostado muito da escola, mas para eles o pior de tudo era o tédio. Acontece que em geral redatores não aprendem ouvindo ou lendo, mas escrevendo. O problema é que as escolas não permitem que eles aprendam dessa forma, por isso suas notas são baixas.

Todas as escolas são estruturadas a partir do pressuposto de que existe apenas uma forma certa de ensino e que ela deve ser a mesma para todos. Mas quem aprende de um jeito diferente vive um verdadeiro suplício ao ser obrigado a se adaptar. E existe uma meia dúzia de modos de aprender.

Assim como Churchill, algumas pessoas aprendem escrevendo. Outras, tomando extensas notas. Beethoven, por exemplo, deixou uma enorme quantidade de cadernos de rascunho, embora tenha afirmado que nunca olhava para eles ao compor. Quando lhe perguntaram por que guardava os cadernos, teria respondido: "Se eu não escrever imediatamente, esqueço tudo. Se escrevo num caderno, não esqueço e nunca mais preciso olhar para ele." Algumas pessoas aprendem fazendo. Outras, ouvindo a si mesmas repetir a informação em voz alta.

Conheço um CEO que aprendia falando; ele transformou uma pequena empresa familiar num negócio líder do ramo. Uma vez por semana, tinha o hábito de reunir toda a equipe de executivos em sua sala para que o ouvissem falar durante duas ou três horas. Levantava questões sobre políticas da empresa e analisava três pontos de vista diferentes. Raras vezes permitia comentários ou perguntas dos colaboradores – só precisava de uma plateia que o ouvisse falar. Era assim que ele aprendia. E, embora seja um caso um tanto radical, aprender falando é um método bastante comum. Advogados bem-sucedidos que atuam em tribunais também aprendem falando, assim como muitos médicos especialistas em diagnósticos (e eu também).

De todos os aspectos importantes do autoconhecimento, entender como se aprende é o mais fácil de descobrir. Quando pergunto "Como você aprende?", a maioria das pessoas sabe a resposta. Mas, se pergunto "Você age de acordo com esse conhecimento?", poucas respondem que sim. No entanto, agir de acordo com esse conhecimento é fundamental para o desempenho. Ou melhor, *não* agir de acordo condena o profissional a um desempenho medíocre.

As primeiras perguntas que você deve se fazer são "Sou leitor ou ouvinte?" e "Como eu aprendo?", mas certamente não são as únicas. Para gerenciar a si mesmo com eficiência você também precisa se perguntar: "Eu trabalho bem em equipe ou prefiro atuar sozinho?" Se trabalha bem com pessoas, pergunte-se: "Em que tipo de relação?"

Algumas pessoas trabalham melhor como subordinadas. O general George Patton, maior herói militar americano da Segunda Guerra, é um ótimo exemplo. Patton era comandante geral das tropas do país. No entanto, quando seu nome foi proposto para um comando independente, o general George Marshall, chefe do Estado-Maior – e provavelmente o mais bem-sucedido recrutador da história dos Estados Unidos –, observou: "Patton é o melhor subordinado que o exército americano já teve, mas seria o pior comandante."

Algumas pessoas funcionam melhor como parte de uma equipe; outras trabalham melhor sozinhas. Algumas são excepcionalmente talentosas como conselheiras e mentoras; outras, simplesmente ineptas nessas funções.

Outra pergunta crucial é: "Produzo resultados como tomador de decisões ou como mentor?" Muitas pessoas atuam melhor como conselheiras, mas não conseguem suportar o fardo e a pressão da tomada de decisões. Por outro lado, várias outras precisam de um mentor que as obrigue a pensar. Só então são capazes de tomar decisões e agir com rapidez, autoconfiança e coragem.

A propósito, é por isso que o segundo executivo mais importante de uma organização frequentemente fracassa quando promovido ao topo. Para estar no posto máximo é preciso ser um tomador de decisões. Geralmente bons tomadores de decisões colocam no segundo lugar da hierarquia alguém de sua confiança como mentor – e nessa posição a pessoa é excelente. Mas, na primeira posição, fracassa. Ela sabe qual deve ser a decisão, mas não assume a responsabilidade de tomá-la.

Outras perguntas importantes a fazer são: "Eu trabalho bem sob pressão ou preciso de um ambiente altamente estruturado e previsível? Trabalho melhor numa grande organização ou numa empresa pequena?" Poucas pessoas são capazes de ter um bom desempenho em qualquer ambiente para o qual sejam designadas. É comum que pessoas vitoriosas em grandes organizações se saiam muito mal ao se mudarem para empresas menores. E vice-versa.

Não custa repetir: não tente mudar quem você é – provavelmente não será bem-sucedido. Mas trabalhe com afinco para aprimorar a forma como desenvolve seu trabalho e procure não assumir uma função que não consiga executar ou que executará de maneira precária.

## Quais são meus valores?

Por fim, para gerenciar a si mesmo, você precisa se perguntar: "Quais são meus valores?" Essa não é uma questão sobre ética. Com relação à ética, as regras são as mesmas para todos, e o teste é simples. Eu o chamo de "teste do espelho".

No início do século XX, o diplomata mais respeitado por todas as grandes potências mundiais era o embaixador da Alemanha em Londres. Predestinado a grandes conquistas, ele teria condições para se tornar, no mínimo, ministro do Exterior ou chanceler de seu país. No entanto, em 1906, pediu demissão de uma hora para outra em vez de presidir um jantar oferecido pelo corpo diplomático a Eduardo VII. O rei era um mulherengo notório e deixou claro o tipo de jantar que queria. Comenta-se que o embaixador teria dito: "Eu me recuso a ver um cafetão no espelho ao me barbear pela manhã."

Esse é o teste do espelho. A ética exige que você se pergunte: "Que tipo de pessoa quero ver no espelho pela manhã?" O que é comportamento ético numa organização ou situação também o é em outra. Mas a ética é só parte de um sistema de valores – sobretudo do de uma organização. Trabalhar numa organização cujo sistema de valores é inaceitável ou incompatível com o seu leva a um péssimo desempenho e a frustração.

Veja o caso da bem-sucedida diretora de RH cuja empresa foi comprada por uma organização maior. Depois da aquisição, ela foi promovida para realizar o trabalho que fazia melhor – selecionar pessoas para posições de alto nível. A executiva defendia veementemente que para esses cargos a empresa só deveria contratar pessoas de fora depois de esgotar todas as possibilidades internas. Mas a filosofia da nova empresa era primeiro procurar "sangue novo" no mercado. Aqui preciso fazer uma observação sobre as duas abordagens: na minha experiência, o mais correto é adotar um sistema misto. No entanto, elas são fundamentalmente incompatíveis – não como políticas, mas como valores. Revelam visões opostas sobre a relação entre organizações e pessoas, sobre a responsabilidade da organização com as pessoas e sobre o desenvolvimento delas e a contribuição mais importante do profissional para a companhia. Apesar de ter um salário bastante elevado, depois de vários anos de frustração a executiva pediu demissão. Seus valores não eram compatíveis com os da organização.

De forma semelhante, se uma empresa farmacêutica tenta obter resultados com diversas pequenas melhorias ou promovendo avanços ocasionais altamente dispendiosos e arriscados, não se trata apenas de uma questão econômica. Os resultados de cada estratégia podem ser praticamente os mesmos. No fundo, existe um conflito entre dois sistemas de valores: em um, a empresa quer ajudar os médicos a realizarem melhor o que já fazem bem, e em outro, o sistema de valores é orientado para as descobertas científicas.

Decidir se uma empresa deve operar visando resultados de curto ou de longo prazo também é uma questão de valores. Analistas financeiros acreditam que é possível focar ambos simultaneamente. Executivos bem-sucedidos sabem disso melhor que ninguém. É evidente que toda empresa deve produzir resultados de curto prazo. Mas, em caso de conflito entre resultados de curto prazo e crescimento de longo prazo, a empresa precisa determinar suas prioridades. Não se trata de uma divergência sobre economia, mas de um conflito de valores relacionado à função de um negócio e à responsabilidade de seus líderes.

Conflitos de valores não se restringem às organizações. Uma das igrejas de crescimento mais acelerado nos Estados Unidos mede seu sucesso pelo número de novos paroquianos. Sua liderança acredita que o importante é a forma como muitos recém-chegados são integrados à comunidade. O bom

Deus atenderá a suas necessidades espirituais ou, pelo menos, às necessidades de grande parte deles. Já outra acredita que o importante é o crescimento espiritual do fiel. Ela acolhe os recém-chegados, mas não interfere em sua vida espiritual.

Novamente, não se trata de uma questão de números. À primeira vista, parece que a segunda igreja cresce mais devagar. No entanto, ela retém um percentual muito maior de adeptos que a primeira. Seu crescimento, em outras palavras, é mais sólido. Também não se trata de um problema teológico – ou, caso se trate, esse aspecto é secundário. Na verdade, esse é um problema de valores. Num debate público, um líder da igreja argumentava: "Se você não vier primeiro à igreja, nunca encontrará o caminho para o reino dos céus." "Não", retrucou o da outra. "Se você não procurar primeiro o caminho para o reino de céus, não fará parte da igreja."

Assim como as pessoas, as organizações têm valores. Para que um indivíduo seja produtivo numa empresa, os valores da organização precisam ser compatíveis com os dele. Não precisam ser idênticos, mas devem ser próximos o bastante para a coexistência ser possível. Do contrário, o profissional não só se sentirá frustrado como também não produzirá resultados.

As potencialidades e a forma de agir de uma pessoa raramente entram em conflito – são complementares. Mas, às vezes, existe um conflito entre seus valores e suas potencialidades. O que alguém faz bem – ou até muito bem e com êxito – pode não estar em harmonia com seu sistema de valores. Nesse caso, talvez pareça que não vale a pena devotar a vida (ou boa parte dela) ao trabalho.

Permita-me fazer um comentário pessoal. Há vários anos, eu também precisei decidir entre meus valores e o que fazia com excelência. Estava me saindo muito bem como um jovem corretor de ações em Londres em meados da década de 1930 e o trabalho se ajustava perfeitamente às minhas potencialidades. No entanto, eu me sentia insatisfeito com minha contribuição como gestor de ativos. Percebi que o que eu valorizava eram as pessoas e que não via sentido em ser o sujeito mais rico do cemitério. Eu não tinha dinheiro nem outra perspectiva de trabalho e, apesar da crise econômica, pedi demissão – e fiz a coisa certa. Em outras palavras, os valores são e devem ser o teste final.

## Que carreira devo seguir?

Poucas pessoas sabem desde cedo a resposta para essa pergunta. Matemáticos, músicos e cozinheiros, por exemplo, normalmente são matemáticos, músicos e cozinheiros aos 4 ou 5 anos. Em geral, os médicos decidem seguir essa carreira por volta da adolescência, ou pouco antes. Mas a maioria das pessoas, sobretudo as altamente dotadas, não tem ideia do que fazer profissionalmente até bem depois dos 25 anos. Nessa idade, no entanto, elas já devem estar em condições de responder a três perguntas: "Quais são meus pontos fortes?", "Como desenvolvo meu trabalho?" e "Quais são meus valores?". Só então devem escolher a carreira a seguir.

Ou melhor, elas deveriam ser capazes de decidir que caminho *não* seguir. Quem sabe que não funciona bem numa grande organização não deve aceitar um emprego numa delas. Quem sabe que não é bom em tomar decisões não deve assumir uma posição que lhe exigirá isso. O general Patton provavelmente nunca soube que foi considerado para chefiar um comando independente, mas, se tivesse recebido o convite, deveria ter dito não.

Saber responder a essas perguntas permite que a pessoa receba uma oportunidade, proposta ou nomeação e diga: "Sim, aceito. Mas vou fazer desse jeito. É assim que deve ser estruturado. Assim devem ser os relacionamentos. Esses são os resultados que você deve esperar de mim e dentro desse prazo, porque é assim que eu sou."

Carreiras bem-sucedidas não são planejadas. Elas se desenvolvem quando o profissional está preparado para as oportunidades, pois ele tem consciência de seus pontos fortes, métodos de trabalho e valores. Saber seu lugar pode transformar uma pessoa comum – esforçada e competente, mas mediana – num profissional de altíssimo nível.

## Qual deve ser minha contribuição?

Ao longo da história, poucos indivíduos precisaram se perguntar: "Qual deve ser minha contribuição?" Eles sempre ouviram o que precisavam fazer e suas tarefas eram ditadas pelo próprio trabalho (como no caso do camponês e do artesão) ou por um patrão (como no caso de empregados domésticos). E até pouco tempo era normal aceitar que a maioria dos funcionários era de subordinados que deviam obedecer a seus superiores. Até as décadas de 1950 e 1960, os novos profissionais do conhecimento se apoiavam no RH da empresa para planejarem a carreira.

Ao fim da década de 1960, porém, ninguém mais queria que lhe dissessem o que fazer. Os jovens começaram a se perguntar: "O que *eu* quero fazer?" Como resposta, ouviam que deviam contribuir fazendo "aquilo que tivessem vontade". Essa solução, porém, estava tão equivocada quanto a da geração anterior. Quase ninguém que acreditava que fazer o que quisesse traria contribuição, autorrealização e sucesso experimentou qualquer uma dessas sensações.

Mas não se pode voltar ao passado e fazer apenas o que foi dito ou designado. Os profissionais do conhecimento, em especial, precisam aprender a fazer uma pergunta que ainda não foi feita: "Qual deve ser minha contribuição?" Para responder a ela, precisam considerar três aspectos: "O que a situação exige?"; "Dadas as minhas potencialidades, meu jeito de atuar e meus valores, como contribuir da melhor forma possível?"; e "Que resultados precisam ser atingidos para fazer a diferença?".

Pense na experiência de um administrador hospitalar que acabou de ser contratado. O hospital é grande e prestigiado, mas se vale apenas dessa reputação há mais de 30 anos. O novo administrador decidiu que sua contribuição seria estabelecer em dois anos um padrão de excelência numa área importante do hospital. Resolveu focar o pronto-socorro, que era maior, mais visível e se encontrava em estado deplorável. Então determinou que cada paciente que chegasse ao pronto-socorro teria que ser avaliado por alguém qualificado do setor de enfermagem em 60 segundos. Em 12 meses, o atendimento de emergência do hospital tornou-se um modelo para todos os hospitais dos Estados Unidos, e dois anos depois a instituição tinha sofrido uma transformação total.

Como sugere o exemplo, quase nunca é possível – que dirá proveitoso – vislumbrar um horizonte muito distante. Em geral, um plano não deve se estender por mais de 18 meses e precisa ser claro e específico. Então, em muitos casos a pergunta a ser respondida deve ser: "Onde e como posso obter resultados que farão a diferença nos próximos 18 meses?" A resposta deve ponderar vários aspectos. Primeiro, não devem ser fáceis de atingir – precisam exigir "flexibilidade". Mas também devem ser possíveis. Mirar resultados inatingíveis ou quase impossíveis não é ser ambicioso: é ser tolo. Segundo, os resultados devem ser significativos, fazer a diferença. Por fim, devem ser visíveis e, se possível, mensuráveis. Com base em tudo isso, surgirá a linha de ação: o que fazer, onde e como começar e que metas e prazos fixar.

## Responsabilidade pelos relacionamentos

Poucas pessoas trabalham sozinhas e atingem resultados sozinhas – somente alguns grandes artistas, cientistas e atletas. A maioria trabalha em equipe e é eficiente coletivamente. Isso vale tanto para funcionários de uma organização quanto para autônomos. Gerenciar a si mesmo exige assumir responsabilidade pelos relacionamentos, o que implica duas coisas.

A primeira é aceitar que outras pessoas são tão únicas quanto você e vão se comportar como seres humanos. Isso significa que elas também têm seus pontos fortes, um jeito próprio de fazer as coisas e valores específicos. Portanto, para ser eficiente você precisa conhecer essas características de seus colegas de trabalho.

Parece óbvio, mas poucos dão a devida importância a isso. O normal é a pessoa ser treinada para redigir relatórios no primeiro emprego porque o chefe era leitor. E ela continua a redigi-los mesmo que o chefe seguinte seja ouvinte e os relatórios não sirvam para nada. Em geral, o chefe pensa que o funcionário é estúpido, incompetente e preguiçoso, destinado ao fracasso. Mas isso pode ser evitado se o funcionário observar o novo chefe para descobrir como ele trabalha.

Chefes não são títulos no organograma nem "funções". São pessoas designadas para o cargo graças ao bom desempenho. É obrigação de quem trabalha com eles observá-los para descobrir como agem e adaptar-se ao que os torna mais eficientes. Esse é, na verdade, o segredo de "gerenciar" o chefe.

O mesmo raciocínio vale para todos os colegas. Cada um trabalha de um jeito, e de um jeito que não é o seu. E todos deveriam ter o direito de trabalhar como quiserem, pois o que importa são o desempenho e os valores. O primeiro segredo da eficiência é entender as pessoas com quem você trabalha e de quem depende, para perceber como pode aproveitar seus pontos fortes, estilos e valores. Os relacionamentos profissionais baseiam-se tanto nas pessoas quanto no trabalho em si.

A segunda parte da responsabilidade pelo relacionamento é assumir a responsabilidade da comunicação. Sempre que começo a trabalhar como consultor em uma organização, as primeiras queixas que ouço se referem a conflitos de personalidade. A maioria decorre do fato de que as pessoas não sabem o que os colegas estão fazendo e como trabalham, ou que contribuição estão se concentrando em oferecer e quais os resultados esperados. Se as pessoas não sabem é porque não perguntaram e ninguém as informou.

Essa falha de comunicação reflete mais a história da humanidade que a estupidez do ser humano. Até pouco tempo não era preciso dizer isso às pessoas. Na época medieval, a população inteira de uma aldeia tinha o mesmo tipo de atividade. Na zona rural, todos os habitantes de um mesmo vale cultivavam o mesmo produto. As poucas pessoas que se dedicavam a atividades menos "comuns" trabalhavam sozinhas, por isso não precisavam contar a ninguém o que estavam fazendo.

Atualmente a grande maioria trabalha com outras pessoas, que realizam diferentes tarefas e têm diferentes responsabilidades. A vice-presidente de marketing pode ter vindo do setor de vendas e entender tudo sobre o assunto, mas nada sobre funções que nunca exerceu – fixação de preços, propaganda, embalagem, etc. Por isso os encarregados dessas atividades precisam garantir que a vice-presidente de marketing entenda o que elas estão fazendo, por que estão fazendo, como vão continuar fazendo e quais os resultados esperados.

Se a vice-presidente de marketing não entende o que esses especialistas de alto nível de conhecimento fazem, a culpa é deles, não dela. Eles não a instruíram. Por outro lado, é responsabilidade dela garantir que todos os seus colaboradores entendam sua visão de marketing: quais são suas metas, como ela trabalha e o que espera de si mesma e de cada um deles.

Muitas vezes, mesmo aqueles que entendem a importância de assumir responsabilidades pelos relacionamentos não se comunicam de forma eficiente com os colegas. Temem ser tachados de arrogantes, enxeridos ou estúpidos. Mas estão errados. Sempre que alguém chega até um dos colegas e diz "É nisso que eu sou bom. É assim que eu trabalho. Esses são meus valores. Essa é a contribuição em que planejo me concentrar e esses são os resultados que esperam que eu produza", a resposta é "Isso é muito importante, mas por que não me contou antes?".

Pela minha experiência, se você insiste em fazer perguntas como "E o que preciso saber sobre suas maiores qualidades, seu estilo de trabalho, seus valores e sua contribuição?", a reação é sempre a mesma. A verdade, porém, é que profissionais do conhecimento deveriam exigir essas respostas de todos os colegas de trabalho – quer sejam subordinados, superiores, pares ou membros da equipe.

As organizações não são mais construídas sobre força, mas sobre confiança. O fato de haver confiança entre as pessoas não significa necessariamente que elas gostam umas das outras, apenas que se entendem. Assumir responsabilidades pelos relacionamentos, portanto, é imprescindível. É um dever. Se um profissional participa de uma organização como consultor, fornecedor ou distribuidor, ele tem a mesma responsabilidade para com todos os colaboradores da empresa – com aqueles de quem seu trabalho depende e com aqueles que dependem de seu trabalho.

## A segunda metade da sua vida profissional

Na época em que trabalho significava tarefas braçais para a maioria das pessoas, não era preciso se preocupar com a segunda metade da vida profissional. Continuava-se a fazer o que sempre tinha sido feito. Aqueles com sorte suficiente para sobreviver a 40 anos de trabalho duro num moinho ou numa estrada de ferro ficariam muito felizes de poder passar o resto da vida sem fazer nada. Atualmente, no entanto, a maior parte das atividades laborais é trabalho de conhecimento, e os profissionais do conhecimento não estão "acabados" após 40 anos de atividade – apenas entediados.

É comum ouvir falar da crise de meio de carreira do executivo. Trata-se sobretudo de tédio. Aos 45 anos, a maioria deles atinge o pico da carreira e sabe disso. Após 20 anos fazendo praticamente as mesmas coisas, desenvolveram suas potencialidades a tal ponto que são ótimos no que fazem, porém não estão mais aprendendo, contribuindo, aceitando desafios ou obtendo satisfação no trabalho. No entanto, é provável que ainda tenham 20 anos – talvez 25 – de atividades pela frente. É por isso que, cada vez mais, gerenciar a si mesmo tem levado os profissionais a começarem uma segunda carreira.

Há três formas de desenvolver uma segunda carreira: a primeira é agir e começar. Em geral, isso consiste em sair de um tipo de organização e ir para outro: um chefe de divisão de uma corporação, por exemplo, torna-se chefe de um hospital de médio porte. Há também um número cada vez maior de profissionais que muda totalmente de linha de trabalho: o executivo ou o servidor público que entra para o clero aos 45 anos, por exemplo. Ou o gerente de nível intermediário que abandona a vida corporativa depois de 20 anos para cursar uma faculdade de direito e tornar-se advogado em uma cidade do interior.

Hoje é comum encontrar pessoas buscando novos ares após atingirem um nível moderado de sucesso na primeira carreira. Elas costumam ter habilidades notáveis e sabem trabalhar. Precisam não só participar de uma comunidade – a casa está vazia porque os filhos já se emanciparam – como também ter uma fonte de renda. Acima de tudo, precisam de desafios.

A segunda forma de se preparar para a outra metade da vida profissional é desenvolver uma carreira paralela. Muitas pessoas bem-sucedidas na primeira carreira permanecem na atividade em tempo integral, parcial ou oferecendo consultoria, mas arranjam trabalhos paralelos, por vezes numa organização sem fins lucrativos, aos quais dedicam cerca de 10 horas semanais. Podem assumir a secretaria da igreja que frequentam, por exemplo, ou presidir o conselho local dos escoteiros. Podem administrar abrigos para mulheres que sofreram maus-tratos, trabalhar na ala infantil da biblioteca pública local, participar do conselho escolar, etc.

Por fim, há os empreendedores sociais. Em geral, são pessoas que tiveram uma primeira carreira muito bem-sucedida. Elas adoram seu trabalho, mas não se sentem mais desafiadas. Em muitos casos, continuam fazendo o que sempre fizeram, mas passam cada vez menos tempo nessa atividade. Também começam uma nova carreira, quase sempre numa organização sem fins lucrativos. Meu amigo Bob Buford, por exemplo, fundou uma empresa de televisão de sucesso, onde ainda atua. Além disso, fundou uma organização sem fins lucrativos que trabalha com igrejas protestantes e está formando outra ONG para ensinar empreendedores sociais a gerir iniciativas sem fins lucrativos sem deixar a administração de seus negócios.

Pessoas que gerenciam a segunda metade da carreira ainda são minoria. A maioria costuma "aposentar-se no emprego" e contar os anos até a aposentadoria de fato. Mas é essa minoria, homens e mulheres que entendem uma longa expectativa de vida profissional como uma oportunidade para si e para a sociedade, que se tornará líder e modelo.

Existe um pré-requisito para quem deseja gerenciar a segunda metade da carreira: você precisa começar muito antes. Quando se percebeu, 30 anos atrás, que a expectativa de vida profissional estava aumentando rapidamente, muitos observadores (entre os quais me incluo) acreditavam que os aposentados se tornariam, cada vez mais, voluntários em instituições sem fins lucrativos. Isso não aconteceu. Se o indivíduo não começar no voluntariado por volta dos 40 anos, não será depois dos 60 que começará.

Da mesma forma, todos os empreendedores sociais que conheço começaram a trabalhar na segunda atividade muito antes de terem atingido o ápice no negócio original. Veja o caso de um advogado bem-sucedido, assessor jurídico de uma grande corporação, que criou um negócio para instalar escolas-modelo em seu estado. Ele começou a trabalhar como voluntário em assuntos legais para as escolas com cerca de 35 anos. Foi eleito para o conselho escolar aos 40 anos e, aos 50, já milionário, fundou a própria empresa para instalar e administrar escolas-modelo. No entanto, ainda trabalha praticamente em tempo integral como principal assessor na empresa que ajudou a fundar quando era um jovem advogado.

Há ainda outra razão para que um profissional deva começar cedo a desenvolver um interesse por outra área. É muito improvável que alguém passe décadas no mesmo ramo e não sofra um grande revés na profissão ou na vida pessoal. É o caso de um competente engenheiro cuja promoção foi negada aos 45 anos. Ou da conceituada professora universitária que percebeu, aos 42, que nunca integraria o corpo docente de uma grande universidade, apesar de altamente qualificada. Tragédias familiares ocorrem, como um casamento desfeito ou a perda de um filho. Nesses momentos, um segundo grande interesse – não apenas um hobby – pode fazer toda a diferença. O engenheiro, por exemplo, agora sabe que, se não foi muito bem-sucedido em seu emprego, em sua segunda atividade – como tesoureiro da igreja, por exemplo – é competente. A família pode se dissolver, mas na atividade extra que a pessoa escolher ainda existe o sentimento de pertencer a uma comunidade.

Numa sociedade em que o sucesso se tornou tão importante, ter opções é cada vez mais fundamental. Historicamente, não havia o conceito de "sucesso". A esmagadora maioria das pessoas não esperava nada além de permanecer em "seu lugar". A única mobilidade possível era para baixo.

Numa sociedade do conhecimento, porém, esperamos que todos sejam bem-sucedidos, mas isso é impossível. Para a grande maioria, o que existe, no melhor dos casos, é a ausência de fracasso. Para haver sucesso é preciso haver fracasso. É importante ter uma área na qual seja possível contribuir, ajudar a fazer a diferença e ser *alguém*. Isso significa encontrar uma segunda área de atuação – seja numa carreira nova, numa atividade paralela ou em um projeto social – que ofereça a oportunidade de ser líder, ser respeitado ou alcançar o sucesso.

Os desafios de gerenciar a si mesmo podem parecer óbvios, até elementares, e as respostas talvez pareçam autoexplicativas a ponto de soarem ingênuas. Mas gerenciar a si mesmo exige que a pessoa faça coisas novas e sem precedentes. Sobretudo no caso de profissionais do conhecimento, gerenciar a si mesmo requer que você pense e se comporte como um CEO. Além do mais, a mudança de trabalhadores braçais, que apenas cumprem ordens, para profissionais do conhecimento, que precisam administrar a própria carreira, abala profundamente a estrutura social. Todas as sociedades, até as mais individualistas, admitem duas coisas como certas, mesmo que apenas de forma inconsciente: as organizações sobrevivem aos funcionários e a maioria das pessoas permanece onde está.

Atualmente, porém, está ocorrendo o contrário. Os profissionais do conhecimento sobrevivem às organizações e têm mobilidade. A necessidade de gerenciar a própria carreira está provocando uma revolução nos relacionamentos.

**Publicado originalmente em janeiro de 1999.**

2

# Gestão de tempo: quem vai descascar o abacaxi?

*William Oncken, Jr. e Donald L. Wass*

POR QUE É NORMAL VER O GESTOR sem tempo enquanto os subordinados estão sem trabalho? Vamos explorar o significado de gestão de tempo e a relação desse conceito com a interação dos gestores com seus chefes, pares e subordinados. Mais especificamente, vamos lidar com três tipos:

**Tempo imposto pelo chefe.** Usado para realizar as atividades que o chefe exige e que o gestor não pode desconsiderar, sob pena de receber uma penalidade direta e rápida.

**Tempo imposto pelo sistema.** Usado para acomodar solicitações de colegas por apoio ativo. Negligenciar essas solicitações também resulta em penalidades, apesar de serem menos diretas ou rápidas.

**Tempo autoimposto.** Usado para fazer as coisas que o próprio gestor escolheu ou concorda em fazer. Parte desse tempo, porém, será tomada pelos subordinados e é chamada de tempo imposto pelos subordinados.

A outra será o tempo do próprio gestor e é denominada tempo discricionário. O tempo autoimposto não está sujeito a penalidades, já que nem o chefe nem o sistema podem disciplinar o gestor por não fazer o que não sabiam que ele pretendia fazer.

Para acomodar essas demandas, o gestor precisa controlar o uso do tempo e o tipo de atividade que realiza. Como o descumprimento das imposições do chefe e do sistema gera penalidades, ele não pode alterar essas solicitações. Com isso, o tempo autoimposto passa a ser sua principal preocupação.

O gestor precisa aumentar o componente discricionário de seu tempo autoimposto ao minimizar, ou mesmo eliminar, o componente subordinado. Com isso, utilizará o incremento adicional para controlar a execução das atividades impostas pelo chefe e pelo sistema. A maioria dos gestores passa muito mais tempo do que imagina lidando com problemas dos subordinados. A seguir, vamos examinar como o tempo imposto pelos subordinados surge e o que o superior pode fazer a esse respeito.

## Com quem está o abacaxi?

O gestor está passando pelo corredor e cruza com seu subordinado Jones. Quando se encontram, Jones o cumprimenta: "Bom dia. Ah, temos um problema. Veja só..." À medida que Jones prossegue, o gestor reconhece no problema duas características comuns a todos os problemas que seus subordinados levam à sua atenção. São eles: o gestor sabe (a) o bastante para se envolver na questão, mas (b) não o bastante para tomar a decisão imediata que se espera dele. Por fim, diz: "Que bom que você trouxe isso à minha atenção, mas agora estou com pressa. Vou pensar no assunto e mais tarde lhe passo uma posição." Então ele e Jones se afastam.

Vamos analisar o que acabou de acontecer. Antes dessa conversa, com quem estava o abacaxi? Com o subordinado. Depois da conversa, ficou com o gestor. O tempo imposto pelos subordinados começa no instante em que o abacaxi sai da mão do subordinado e vai para o superior e só termina quando o abacaxi é devolvido ao dono original. Ao aceitá-lo, o gestor assumiu voluntariamente uma posição subordinada ao seu subordinado. Ou seja, permitiu que Jones o tornasse seu subordinado, pois fez duas coisas

## Em resumo

Você está atravessando o corredor, apressado. Um funcionário chega para você e diz: "Temos um problema." Você presume que deva se envolver, mas não pode tomar uma decisão imediatamente e responde: "Vou pensar."

Você acaba de receber um abacaxi do seu subordinado. Agora está trabalhando para a pessoa que trabalha para você. Se aceitar muitos abacaxis, não terá tempo para se concentrar nas suas prioridades.

Como evitar o acúmulo de abacaxis? Desenvolvendo a iniciativa de seus funcionários. Por exemplo, quando alguém da sua equipe tentar lhe passar um problema, esclareça se ele deve: 1) recomendar e implementar uma solução; 2) agir e depois informá-lo imediatamente; ou 3) agir e relatar os resultados em um acompanhamento regular.

Quando você estimula seus funcionários a lidar com os problemas, eles adquirem novas habilidades e você ganha tempo para fazer seu trabalho.

que se espera que um subordinado faça para o chefe – aceitou uma responsabilidade e prometeu um relatório de progresso.

Para garantir que o gestor não compreendeu o problema de forma errada, mais tarde o subordinado vai aparecer na sala dele e perguntar, animado: "Como está indo?" (Isto se chama supervisão.)

Ou vamos imaginar que, ao fim de uma reunião com Johnson, outro subordinado, as últimas palavras do gestor sejam: "Ótimo. Me envie um relatório sobre isso por e-mail."

Agora o abacaxi está com Johnson, mas prestes a mudar de mãos novamente. Johnson envia o e-mail redigido com todo o cuidado. Pouco depois, o gestor recebe e lê o relatório. A quem cabe o movimento agora? Ao gestor. Se não fizer o movimento logo, receberá um memorando de acompanhamento do subordinado (outra forma de supervisão). Quanto mais o gestor demorar, mais frustrado o subordinado ficará (pois não estará progredindo) e mais culpado ele próprio se sentirá (o tempo imposto pelos funcionários se acumulará).

## Na prática

Como devolver o abacaxi ao dono? Oncken, Wass e Stephen Covey (em um epílogo para este artigo clássico) oferecem as seguintes táticas:

**Marque reuniões para resolver os problemas**

Evite discutir as questões na pressa - por exemplo, ao passar por um funcionário no corredor. Você não transmitirá a seriedade adequada. Em vez disso, faça seu subordinado marcar uma reunião para discutir o problema.

**Especifique o nível de iniciativa**

Seus funcionários podem exercitar cinco níveis de iniciativa ao lidar com problemas no trabalho. Do mais baixo para o mais alto, são:

1. Aguardar até que você diga a eles o que fazer.
2. Perguntar a você o que fazer.
3. Recomendar uma ação e depois, com sua aprovação, implementá-la.
4. Agir de forma independente, mas informá-lo de imediato.
5. Agir de forma independente e atualizá-lo em um momento combinado - por exemplo, na reunião semanal.

Quando um funcionário levar um problema para você, proíba o uso dos níveis 1 ou 2. Aceite e designe os níveis 3, 4 ou 5. Não passe mais de 15 minutos discutindo o problema.

**Combine uma atualização da situação**

Depois de decidir como proceder, combine um local e um horário em que o colaborador lhe fornecerá um relatório de progresso.

**Analise seus próprios motivos**

Alguns gestores secretamente receiam que, caso encorajem os subordinados a ter mais iniciativa, parecerão menos fortes, mais vulneráveis e menos úteis. Em vez disso, cultive um sentimento de segurança que o liberte para abdicar do controle direto e apoiar o crescimento dos funcionários.

**Desenvolva as habilidades dos funcionários**

Os funcionários tentam passar abacaxis adiante quando não têm vontade ou habilidade de lidar com eles. Ajude-os a desenvolver a capacidade de solucionar problemas. De início, você acaba perdendo tempo ao pôr a mão na massa - mas o economiza a longo prazo.

**Cultive a confiança**

Desenvolver a iniciativa dos colaboradores exige uma relação de confiança. Se eles temerem fracassar, continuarão passando os abacaxis para você em vez de trabalhar para solucionar os próprios problemas. Para promover a confiança, garanta a eles que é seguro cometer erros.

Em uma reunião com outra subordinada, Sarah, o gestor pede que ela desenvolva uma proposta de relações públicas, mas concorda em fornecer todo o suporte necessário. As últimas palavras dele são: "É só me dizer como eu posso ajudar."

Mais uma vez, de início o abacaxi está com a subordinada, mas por quanto tempo? Sarah percebe que não pode pedir ajuda ao gestor até que a proposta tenha a aprovação do próprio gestor. E, por experiência própria, também sabe que sua proposta provavelmente ficará parada na mesa dele por semanas até ser examinada. Então, na verdade, quem está com o abacaxi? Quem vai procurar quem? Mais estagnação e atrasos.

Um quarto subordinado, Reed, acaba de ser transferido de setor para poder lançar e administrar um empreendimento recém-criado. O gestor disse que eles deveriam se reunir em breve para determinar uma série de objetivos para o novo trabalho, acrescentando: "Vou elaborar um rascunho inicial para discutirmos."

Reflita. O subordinado tem um novo cargo (por atribuição formal) e total responsabilidade (por delegação formal), mas é o gestor quem precisa dar o passo seguinte. Até que isso aconteça, o abacaxi estará com ele, e o subordinado não terá o que fazer.

## Arranje tempo para problemas de verdade

***Stephen R. Covey***

Quando William Oncken escreveu esse artigo em 1974, os gestores se encontravam em um terrível dilema. Estavam desesperados atrás de uma forma de arranjar tempo, mas na época o normal era o chefe ter comando e controle absolutos. Os gestores sentiam que não podiam dar aos subordinados poder de decisão. Era perigoso demais, arriscado demais. É por isso que a mensagem de Oncken – devolver o abacaxi ao dono – envolveu uma mudança de paradigma crucial. Até hoje muitos gestores têm uma dívida de gratidão com ele.

Dizer que muito mudou desde a recomendação radical de Oncken é um eufemismo. Hoje a filosofia de gestão que prega o comando e o controle está praticamente morta, e "empoderamento" é a palavra em voga na maioria das organizações que tentam prosperar em mercados globais e competitivos. Apesar disso, a prática antiga teima em permanecer comum. Na última década, pensadores e executivos da gestão descobriram que os chefes não podem simplesmente devolver o abacaxi ao subordinado e depois seguir alegremente com suas tarefas. Dar poder aos subordinados é um trabalho difícil e complicado.

O motivo: quando você devolve problemas aos subordinados, precisa ter certeza de que eles têm tanto o desejo quanto a capacidade de resolvê-los. E, como todo executivo sabe, nem sempre é o caso. Entra em cena todo um conjunto de questões novas. Para dar poder aos subordinados, muitas vezes você precisa desenvolver pessoas, o que, de início, consome muito mais tempo do que resolver o problema você mesmo.

Também vale lembrar que a tática do empoderamento só prospera quando toda a organização abraça a ideia – quando ela é apoiada pelos sistemas formais e pela cultura informal. Os gestores precisam ser recompensados por delegar decisões e desenvolver pessoas. Do contrário, o grau de empoderamento vai variar de acordo com as crenças e práticas de cada gestor.

Mas a lição mais importante sobre empoderamento é que delegar com eficiência – da maneira defendida por Oncken – depende de uma relação de confiança entre gestor e subordinado. A mensagem de Oncken pode ter sido vanguardista, mas sua sugestão ainda era uma solução bastante ditatorial. Basicamente, ele disse aos chefes: "Devolvam o problema!" Hoje sabemos que essa abordagem é, por si só, autoritária demais. Para delegar com eficiência, os executivos precisam estabelecer um diálogo contínuo com os subordinados, uma parceria. Afinal, se os subordinados temem fracassar diante do chefe, continuarão pedindo ajuda em vez de tomar a iniciativa.

O artigo de Oncken também não aborda um aspecto da delegação de tarefas que me interessou muito no decorrer das duas últimas décadas: muitos gestores *adoram* pegar os abacaxis dos subordinados. Quase todos com quem converso concordam que seu pessoal é subutilizado nos cargos atuais, mas mesmo alguns dos executivos mais bem-sucedidos e aparentemente autoconfiantes afirmaram que é difícil entregar o controle a eles.

Passei a atribuir essa avidez por controle a uma crença comum e arraigada de que as recompensas são escassas e frágeis. Quer tenham aprendido isso na convivência familiar, na escola ou na prática esportiva, muitas pessoas estabelecem sua identidade comparando-se. Quando veem que os outros estão obtendo poder, informação, dinheiro ou reconhecimento, por exemplo, vivenciam o que o psicólogo Abraham Maslow denominou "uma sensação de deficiência", de que algo está sendo tirado delas. Isso dificulta que alcancem uma felicidade verdadeira em relação ao sucesso dos outros – até de seus entes queridos. Oncken sugere que os gestores podem devolver ou recusar o abacaxi sem problemas, mas muitos temem inconscientemente que um subordinando tomando a iniciativa os fará parecer um pouco mais fracos e vulneráveis.

Com isso em mente, como os gestores desenvolvem a segurança interior, a mentalidade de "abundância" que os capacita a abrir mão do controle e buscar o crescimento e o desenvolvimento daqueles ao seu redor? O trabalho que realizei com diversas organizações sugere que gestores que vivem com integridade, de acordo com um sistema de valores baseado em princípios sólidos, são mais propensos a manter um estilo empoderador de liderança.

Considerando a época em que Oncken escreveu esse texto, não é de surpreender que sua mensagem tenha repercutido entre os gestores. Mas ela foi reforçada pelo talento natural de Oncken para contar histórias. Eu o conheci no circuito de palestrantes na década de 1970 e sempre me impressionei com sua forma de dramatizar ideias. Assim como as tirinhas do Dilbert, Oncken tinha um estilo irônico que atingia o âmago das frustrações dos gestores e fazia com que desejassem retomar o controle de seu tempo.

Não me surpreende que o artigo dele seja um dos dois mais bem-sucedidos da história da HBR. Mesmo com tudo que sabemos sobre autonomia no trabalho, sua mensagem eloquente é mais importante e relevante hoje do que há 25 anos. Na verdade, o

(*continua*)

(*continuação*)

insight de Oncken é uma das bases do meu trabalho sobre gestão de tempo, no qual faço as pessoas categorizarem suas atividades de acordo com a urgência e a importância.

Diversos executivos já me disseram que gastam pelo menos metade do tempo em assuntos urgentes mas não importantes. Estão presos em um ciclo interminável no qual precisam resolver o abacaxi dos outros, porém relutam em estimular essas pessoas a tomar a iniciativa. Como resultado, muitas vezes estão ocupados demais para usar o tempo que possuem para trabalhar nos verdadeiros problemas que assolam a empresa. O artigo de Oncken ainda é um poderoso alerta para gestores que precisam delegar com eficiência.

**Stephen R. Covey** foi um dos fundadores da FranklinCovey Company, fornecedora global de desenvolvimento de liderança e de serviços e produtos voltados para a produtividade. É autor de *Os sete hábitos das pessoas altamente eficazes* e de *Primeiro o mais importante*.

Por que tudo isso acontece? Porque, em cada situação, o gestor e o subordinado presumem desde o incío, de forma consciente ou não, que o assunto em pauta é um problema compartilhado. O abacaxi nasce na mão dos dois. Mas basta algo dar errado e pronto: o subordinado desaparece.

Assim, o gestor fica com mais um abacaxi. Claro que abacaxis podem ser devolvidos, mas é mais fácil evitar que saiam das mãos dos donos.

## Quem está trabalhando para quem?

Vamos supor que os mesmos quatro subordinados (Jones, Johnson, Sarah e Reed) sejam tão atenciosos e tenham tanta consideração pelo tempo de seu superior que se esforcem para não dar mais de três abacaxis ao chefe no mesmo dia. Em uma semana de cinco dias, o gestor pode receber até 60 abacaxis – um número alto demais para que ele consiga fazer algo a respeito de cada um. Assim, ele passa o tempo imposto pelos subordinados fazendo malabarismos com suas "prioridades".

No fim da tarde de sexta, o gestor está em sua sala com a porta fechada para ter privacidade, refletindo sobre a situação, enquanto os subordinados estão do lado de fora aguardando a última chance antes do fim de semana para lembrar que ele precisará dar um jeito nas pendências. Imagine o que estão dizendo uns para os outros enquanto esperam: "Mas que atraso. Ele simplesmente não se decide. Não sei como uma pessoa tão indecisa conseguiu um cargo tão elevado."

O pior é que o gestor não consegue dar seguimento a nenhum dos abacaxis porque seu tempo já foi quase todo consumido pelas exigências do próprio chefe e do sistema. Para controlar essas tarefas, ele precisa do tempo discricionário que lhe é negado por estar sempre resolvendo os abacaxis dos subordinados. O gestor está preso num círculo vicioso, e o tempo está passando. Ele telefona para a secretária e a instrui a dizer aos subordinados que só poderá falar com eles na segunda de manhã. À noite, volta para casa decidido a ir ao escritório no fim de semana e terminar as tarefas. Quando chega ao escritório na manhã seguinte, olha para o terreno do outro lado da rua e vê um campo de golfe. No gramado, quatro pessoas. Adivinhe quem são.

Chega. Agora ele sabe quem está trabalhando para quem. Percebe que, se fizer tudo que pretendia, a moral dos subordinados subirá tanto que os quatro passarão a deixar mais abacaxis na mesa dele. Agora o gestor vê claramente que quanto mais se comprometer com o trabalho dos outros, mais ficará atrasado com as próprias tarefas.

Ele deixa o escritório planejando algo que há anos não tem tempo de fazer: passar um fim de semana com a família – também uma forma de tempo discricionário.

No domingo à noite ele vai dormir e desfruta 10 horas de um sono tranquilo, pois traçou um plano muito claro para segunda-feira: se livrar do tempo imposto pelos subordinados e trocá-lo por tempo discricionário, parte do qual gastará com os subordinados para garantir que aprendam a difícil mas recompensadora arte gerencial chamada "A habilidade de descascar abacaxis".

O gestor também terá tempo discricionário de sobra para controlar o uso não apenas do tempo imposto pelo chefe, mas também do tempo imposto pelo sistema. Pode levar meses para conseguir isso, mas, comparando a projeção à sua situação no momento, as recompensas serão enormes. Seu objetivo final é gerir o próprio tempo.

## Livre-se dos abacaxis

O gestor chega ao escritório na segunda de manhã e, quando se aproxima de sua sala, encontra os quatro subordinados esperando para falar sobre os abacaxis. Decide fazer reuniões individuais. O objetivo de cada conversa é colocar o abacaxi na mesa e resolverem, juntos, o que o subordinado pode fazer para dar seguimento à tarefa. Algumas serão trabalhosas. Talvez a próxima ação sugerida pelo subordinado seja tão despropositada que o gestor decida – apenas por ora – simplesmente deixar o subordinado passar o dia de trabalho com o abacaxi, dormir pensando nele e fazê-lo voltar na manhã seguinte para prosseguir com a busca conjunta.

Cada vez que um subordinado se retira, o gestor é recompensado pela visão de um abacaxi deixando a sala nas mãos desse funcionário. Durante as próximas 24 horas, o subordinado não estará esperando pelo gestor, mas o contrário.

Depois, como que para lembrar a si mesmo de que nada o impede de se envolver em um exercício construtivo no meio-tempo, o gestor passa pela sala do subordinado e pergunta, animado: "Como está indo no trabalho?" (Esse tempo é discricionário para o gestor e imposto pelo chefe para o subordinado.)

Quando o subordinado e o gestor se reúnem na hora marcada no dia seguinte, o gestor explica as regras básicas:

> *Em nenhum momento, enquanto eu estiver ajudando você com este ou qualquer outro problema, seu problema se tornará meu problema. No instante em que seu problema se torna meu, você não tem mais um problema. Não posso ajudar uma pessoa que não tem problema.*
>
> *Quando esta reunião acabar, o problema deixará esta sala exatamente da maneira que entrou – com você. Você pode pedir minha ajuda em qualquer horário agendado, e vamos decidir juntos qual será o próximo movimento e qual de nós o fará.*
>
> *Nas raras ocasiões em que o movimento seguinte for meu, você e eu o determinaremos juntos. Não farei qualquer movimento sozinho.*

O gestor segue essa linha de pensamento com os quatro subordinados e no fim percebe que não precisa mais fechar a porta. Os abacaxis sumiram. Eles voltarão – mas com hora marcada. Sua agenda garantirá isso.

## Transfira a iniciativa

Com a analogia do abacaxi queremos mostrar que o gestor *pode* devolver definitivamente a iniciativa aos subordinados. Tentamos destacar uma verdade tão óbvia quanto sutil – a de que, antes de desenvolver a iniciativa nos subordinados, o gestor precisa garantir que eles *tenham* a iniciativa. O problema é que, quando o gestor toma a iniciativa, dá adeus ao tempo discricionário. Tudo se transforma em tempo imposto pelo subordinado.

O gestor e o subordinado também não podem ter a mesma inciativa ao mesmo tempo. A frase "Chefe, temos um problema" sugere essa dualidade e representa, como já foi destacado, um abacaxi sendo segurado pelos dois, o que é uma péssima forma de começar a descascá-lo. Portanto, vamos examinar o que chamamos de "Anatomia da iniciativa gerencial".

Existem cinco graus de iniciativa que o gestor pode exercitar em relação ao chefe e ao sistema:

1. Aguardar receber a ordem (o menor nível de iniciativa).
2. Perguntar o que fazer.
3. Fazer uma recomendação, depois tomar as providências.
4. Tomar as providências, mas informar imediatamente.
5. Atuar por conta própria, depois relatar o progresso regularmente (o maior nível de iniciativa).

Claro que o gestor deve ser profissional o bastante para não escolher as iniciativas 1 e 2 tanto em relação ao chefe quanto ao sistema. Um gestor que toma a iniciativa 1 não tem controle sobre a utilização ou o conteúdo do tempo imposto pelo chefe ou pelo sistema e, com isso, abre mão do direito de reclamar sobre o que o mandam fazer ou quando. O gestor que toma a iniciativa 2 tem controle sobre a utilização do tempo, mas não sobre o conteúdo. Nas iniciativas 3, 4 e 5 o gestor controla o tempo e o conteúdo, e no nível 5 exerce o maior nível de controle.

Em relação aos subordinados, o trabalho do gestor tem duas vertentes. Primeiro, ele deve proibir o uso das iniciativas 1 e 2, obrigando os subordinados a entregar trabalhos completos. Segundo, deve garantir que haja um nível de iniciativa associado a cada abacaxi que deixar sua sala, além de horário e local da próxima reunião com seu subordinado, que deverá ficar marcada na agenda do gestor.

## O cuidado na hora de descascar o abacaxi

Para esclarecer melhor a analogia entre o abacaxi e os processos de delegar e controlar tarefas, vamos analisar brevemente a agenda do gestor, que exige cinco regras simples e rígidas sobre os cuidados a serem tomados na hora de descascar o abacaxi. (A violação destas regras custará tempo discricionário.)

### Regra 1

O abacaxi deve ser resolvido de uma vez ou entregue a outro funcionário, sem enrolação. Do contrário, o gestor desperdiçará um tempo valioso.

### Regra 2

O número de abacaxis na mão do gestor deve estar abaixo da capacidade máxima que ele pode suportar. Os subordinados devem encontrar tempo para trabalhar no maior número possível de abacaxis, porém não se deve exagerar. Você não pode gastar mais do que 15 minutos para fazer o acompanhamento do abacaxi que não está na sua mão.

### Regra 3

Os abacaxis só serão descascados na hora agendada. O gestor não deve procurar abacaxis dos outros.

### Regra 4

O abacaxi deve ser descascado pessoalmente ou por telefone, nunca por e-mail. (Lembre-se: no caso do e-mail, o passo seguinte é sempre do gestor.) Uma documentação bem organizada pode ajudar na hora de resolver o abacaxi, mas não substitui o ato de descascá-lo.

### Regra 5

O subordinado sempre deve saber qual será sua próxima ação e que nível de iniciativa lhe cabe. A qualquer momento essas determinações podem ser revistas por consenso mútuo, mas jamais se deve permitir que sejam vagas ou que não tenham um destinatário certo. Do contrário, o abacaxi vai aumentar de tamanho ou cair no colo do gestor.

"Assuma o controle do fator tempo e do conteúdo daquilo que você faz." Esse é um bom conselho para quem deseja gerir o próprio tempo. A primeira mudança que o gestor precisa implementar na própria rotina é ampliar seu tempo discricionário eliminando o tempo imposto pelos subordinados. A segunda é usar parte do tempo discricionário para garantir que cada subordinado tenha iniciativa e a coloque em prática. A terceira é usar outra parte para obter e manter o controle do fator tempo e do conteúdo do tempo imposto tanto pelo chefe quanto pelo sistema. Esses passos darão uma vantagem ao gestor e permitirão que cada hora gasta na administração do tempo de gestão se multiplique, em teoria, indefinidamente.

**Publicado originalmente em novembro de 1999.**

# 3

# O mecanismo da resiliência

*Diane L. Coutu*

QUANDO COMECEI MINHA CARREIRA JORNALÍSTICA como repórter de uma revista de circulação nacional, havia na redação um homem a quem chamarei de Claus Schmidt. Ele tinha uns 50 e poucos anos e, para uma jovem facilmente impressionável, era a encarnação do jornalista das antigas: às vezes cínico, mas implacavelmente curioso e cheio de vida, e com frequência muito engraçado, ainda que de um modo meio grosseiro. Produzia matérias de capa e outros artigos contundentes com uma rapidez e uma elegância com as quais eu apenas podia sonhar. Sempre me surpreendeu o fato de ele nunca ter sido promovido a editor-executivo.

As pessoas que conheciam Claus melhor do que eu o viam não apenas como um grande jornalista, mas também como um sobrevivente por excelência, alguém que resistia bravamente em um ambiente muitas vezes hostil ao talento. Ele passara por pelo menos três grandes mudanças na liderança da revista, perdendo a maioria de seus melhores amigos e colegas pelo caminho. Em casa, dois de seus filhos sucumbiram a doenças incuráveis e um terceiro morreu em um acidente de trânsito. Apesar de tudo – ou talvez por causa de tudo isso –, ele andava pela redação, dia após dia, orientando os *focas* e falando sobre os livros que escrevia – sempre aguardando com expectativa o que o futuro poderia lhe trazer.

Por que algumas pessoas passam por adversidades e não fraquejam? Claus Schmidt poderia ter reagido de forma bastante distinta. Todo mundo já viu esse filme antes. Alguns indivíduos parecem não conseguir readquirir a autoconfiança depois de serem demitidos; outros, deprimidos após o divórcio, passam alguns anos desligados da vida. A pergunta que gostaríamos de ver respondida é: por quê? Qual é exatamente essa característica da resiliência que faz com que as pessoas avancem pela vida?

Trata-se de uma questão que me fascina desde que aprendi sobre os sobreviventes do Holocausto no ensino fundamental. Na faculdade, e mais tarde durante meus estudos como pesquisadora na Boston Psychoanalytic Society and Institute, retomei o assunto. Nos últimos meses, no entanto, redobrei minha atenção sobre o tema, pois me parece que o terrorismo, a guerra e a recessão tornaram a compreensão acerca da resiliência mais importante do que nunca. Tenho estudado tanto a natureza da resiliência individual quanto o que torna algumas organizações mais resilientes do que outras. Por que algumas pessoas e algumas organizações cedem sob pressão? E o que faz com que outras se curvem e, no final, voltem a se erguer?

Minhas pesquisas me ensinaram muito, embora seja um tema que jamais entenderemos por completo. De fato, a resiliência é um dos grandes mistérios da natureza humana, como a criatividade e o instinto religioso. Mas, ao estudar as pesquisas psicológicas e ao refletir sobre as numerosas histórias que ouvi, consegui vislumbrar um pouco mais dos corações e mentes de pessoas como Claus Schmidt e, assim, também observei com mais profundidade a psique humana.

## O frenesi acerca da resiliência

No ambiente corporativo, a resiliência é um assunto em alta. Há pouco tempo, eu conversava com um sócio sênior de uma respeitada consultoria sobre como selecionar os melhores profissionais com MBA – o quesito mais importante naquele setor. O sócio, Daniel Savageau (nome fictício),

## Em resumo

Vivemos tempos sombrios: pessoas perdem o emprego, aceitam redução de salário, são despejadas. Algumas desmoronam - afundando na depressão ou sofrendo uma perda de confiança permanente.

Mas outras se recuperam. Por exemplo: tem gente que tira vantagem de uma demissão para construir uma nova carreira. O que faz alguém sobreviver aos tempos ruins? A resiliência.

Pessoas resilientes possuem três características que as definem: aceitam com calma a realidade difícil que enfrentam; encontram sentido em épocas terríveis; e têm uma extraordinária capacidade de improviso, usando o que estiver à mão.

Durante recessões profundas, a resiliência se torna mais importante do que nunca. Felizmente, é possível aprender a ser resiliente.

assinalou os itens de uma longa lista de qualidades que sua empresa procurava nas contratações: inteligência, ambição, integridade, capacidade analítica e assim por diante.

– E quanto à resiliência? – perguntei.

– Bem, é uma qualidade bastante popular no momento – disse ele. – É a palavra da moda. Os candidatos chegam a nos dizer que são resilientes antes mesmo de perguntarmos. Francamente, eles são jovens demais para saber. Resiliência é algo que só descobrimos que temos *depois* de passar por alguma experiência.

– Mas, se fosse possível, faria um teste para averiguar? Isso tem importância no mundo dos negócios?

Savageau fez uma pausa. Ele tem quase 50 anos e é bem-sucedido nas esferas pessoal e profissional. No entanto, não teve uma trajetória totalmente tranquila até o topo. Começou a vida em Woonsocket, Rhode Island, como um canadense de origem francesa de poucos recursos, que perdera o pai aos 6 anos. Teve a sorte de receber uma bolsa de estudos para jogar futebol americano, mas foi expulso duas vezes da Boston University por embriaguez. Quando tinha 20 e poucos anos, deu uma reviravolta na vida – casou, se divorciou, voltou a casar e criou cinco filhos. No caminho, conseguiu

## Na prática

A resiliência pode ajudá-lo a sobreviver e a se recuperar até das experiências mais brutais. A fim de cultivá-la, siga estes passos:

**Encare a realidade**

Em vez de cair em negação para lidar com a adversidade, veja a realidade de sua situação com sobriedade e pé no chão. Assim você se prepara para resistir – ensaiando para sobreviver antes do evento.

*Exemplo:* o almirante Jim Stockdale sobreviveu a prisão e tortura pelos vietcongues em parte ao aceitar que poderia ficar preso por muito tempo. (Ele ficou aprisionado por oito anos.) Aqueles que não conseguiram sair dos campos supunham, com otimismo, que seriam libertados logo – no Natal, na Páscoa, no Quatro de Julho. "Acho que todos morreram de desilusão", disse Stockdale.

**Busque sentido**

Quando os tempos difíceis chegarem, resista a qualquer impulso de se ver como vítima e perguntar "Por que eu?". Desenvolva reflexões sobre seu sofrimento a fim de criar sentido para você e para os outros. Você construirá pontes de sua provação atual para um futuro melhor, mais completo. Essas pontes farão com que o presente seja administrável, pois removerão a sensação de que ele é insuportável.

*Exemplo:* o psiquiatra austríaco Victor Frankl, sobrevivente de Auschwitz, percebeu que precisava encontrar algum sentido para suportar sua provação. Então se imaginou dando uma palestra, depois da guerra, sobre a psicologia dos campos de concentração para ajudar os que ficaram do lado de fora a entender as coisas pelas quais passaram. Ao criar objetivos concretos para si, ele superou os sofrimentos do momento.

**Improvise continuamente**

Quando o desastre bater à porta, seja criativo. Faça o melhor que puder com o que tem, usando seus recursos de modos inusitados, e imagine possibilidades que os outros não veem.

*Exemplo:* Mike montou um negócio com o amigo Paul para vender material educativo para escolas, empresas e consultorias. Quando o país entrou em recessão, eles perderam muitos clientes. Paul passou por um divórcio difícil, teve depressão e não conseguia trabalhar. Quando Mike se ofereceu para comprar a parte dele, Paul entrou com um processo, alegando que Mike estava tentando roubar o negócio.

Mike manteve a empresa funcionando como pôde, associando-se em joint-ventures para vender material de treinamento em inglês para organizações chinesas e russas, publicando newsletters para clientes e até escrevendo roteiros de vídeos para a concorrência. No final, o processo foi decidido a seu favor, e ele ficou com um negócio novo e muito mais sólido do que o anterior.

juntar e perder duas fortunas antes de ajudar a criar a empresa de consultoria que atualmente dirige.

– Importa sim – falou por fim. – Na verdade, provavelmente importa mais do que qualquer característica que normalmente buscamos nas pessoas.

Durante o período que passei estudando para escrever este artigo, ouvi a mesma declaração várias vezes. Como relata Dean Becker, presidente e CEO da Adaptiv Learning Systems, empresa de King of Prussia, na Pensilvânia, que desenvolve e vende programas de treinamento para resiliência: "Mais do que a escolaridade, mais do que a experiência, mais do que o treinamento, é o nível de resiliência de uma pessoa que determinará quem é bem-sucedido e quem fracassa. Isso é verdade na ala de oncologia dos hospitais, nas Olimpíadas e na sala de reuniões."

A pesquisa acadêmica sobre a resiliência começou há cerca de 40 anos, com os estudos pioneiros feitos por Norman Garmezy, hoje professor emérito da Universidade de Minnesota, em Minneapolis, Estados Unidos. Depois de pesquisar por que muitos filhos de pais esquizofrênicos não sofriam males psicológicos, apesar da convivência, ele concluiu que um tipo de resiliência tem um papel maior na saúde mental do que se suspeitava.

Hoje em dia, sobram teorias acerca do que compõe a resiliência. Ao analisar vítimas do Holocausto, Maurice Vanderpol, ex-presidente da Boston Psychoanalytic Society and Institute, descobriu que muitos dos sobreviventes saudáveis dos campos de concentração tinham o que ele chama de "escudo plástico". O escudo era composto por vários fatores, entre eles o senso de humor. Com frequência o humor era mórbido, mesmo assim fornecia um senso de perspectiva crítico. Outras características essenciais eram a capacidade de estabelecer relações com os outros e de possuir um espaço psicológico interno, o que protegia os sobreviventes das invasões de pessoas abusivas. Pesquisas sobre outros grupos revelaram diferentes qualidades associadas à resiliência.

O Search Institute, organização sem fins lucrativos baseada em Minneapolis que se especializa na resiliência e na juventude, descobriu que crianças mais resilientes têm uma capacidade excepcional de fazer com que os adultos as ajudem. Outras pesquisas ainda mostraram que jovens resilientes residentes em bairros pobres com frequência têm talentos, tais como habilidade esportiva, que atraem as outras pessoas.

Muitas das teorias iniciais enfatizavam o papel da genética. Algumas pessoas simplesmente nascem resilientes, diziam os argumentos. Existe alguma verdade nisso, claro, mas um conjunto cada vez maior de evidências empíricas demonstra que a resiliência – tanto em crianças, em sobreviventes de campos de concentração ou em negócios ressurgidos do nada – pode ser aprendida. Por exemplo, George Vaillant, diretor de Estudos de Desenvolvimento Adulto da Harvard Medical School, observa que, entre diversos grupos estudados durante um período de 60 anos, alguns indivíduos se tornaram marcadamente mais resilientes com o passar dos anos. Outros psicólogos alegam que pessoas não resilientes desenvolvem habilidades de resiliência com mais facilidade do que aquelas com uma vantagem inicial.

A maioria das teorias com que me deparei durante a pesquisa apresenta muito bom senso. Mas também observei que quase todas se sobrepõem de três maneiras. Pessoas resilientes, afirmam, possuem três características: uma aceitação ferrenha da realidade; uma crença profunda, com frequência baseada em valores enraizados, de que a vida faz sentido; e uma capacidade excepcional de improvisar. É possível se recuperar de reveses com apenas uma ou duas dessas qualidades, mas a pessoa só é realmente resiliente com as três. Essas três características também valem para as organizações. Vamos dar uma olhada em cada uma delas.

## Enfrentar a realidade

Uma crença comum acerca da resiliência é que ela seria resultado de uma natureza otimista. Isto é verdadeiro apenas se esse otimismo não distorcer a noção de realidade. Em situações extremamente adversas, o pensamento cor-de-rosa pode, na verdade, significar desastre. Esse ponto foi relatado de forma comovente para mim pelo pesquisador de administração e escritor Jim Collins, que se deparou com esse conceito enquanto pesquisava para *Empresas feitas para vencer*, livro sobre como as empresas se transformam a partir da mediocridade. Collins tinha o palpite (equivocado) de que as empresas resilientes estavam repletas de gente otimista. Ele testou essa ideia no almirante Jim Stockdale, preso e torturado pelos vietcongues durante oito anos.

Collins recorda: "Perguntei ao Stockdale: 'Quem não conseguiu sair dos campos?' E ele disse, 'Ah, isso é fácil. Foram os otimistas. Eram eles que diziam que iríamos sair até o Natal. E depois disseram que sairíamos até a Páscoa, e depois até o Quatro de Julho, e até o Dia de Ação de Graças, e depois novamente no Natal.' Então Stockdale se virou para mim e disse: 'Sabe, acho que todos morreram de desilusão.'"

No mundo dos negócios, Collins se deparou com a mesma atitude impassível, compartilhada por executivos nas empresas mais bem-sucedidas que estudou. Como Stockdale, pessoas resilientes têm uma visão bastante sóbria e sensata em relação às partes da realidade que importam para a sobrevivência. Não quero dizer com isso que não há espaço para o otimismo: a fim de reverter uma força de venda desmoralizada, por exemplo, evocar um sentimento de possibilidade pode ser uma ferramenta bastante poderosa. Mas, para desafios maiores, uma noção de realidade mais indiferente, quase pessimista, é muito mais importante.

Talvez você se pergunte: "Realmente compreendo – e aceito – a realidade da minha situação? Minha empresa compreende?" São boas perguntas, principalmente porque a pesquisa sugere que a maioria das pessoas entra em negação como mecanismo de sobrevivência. Enfrentar a realidade, realmente enfrentá-la, é um trabalho extenuante. De fato, pode ser desagradável e com frequência é devastador em termos emocionais. Vamos analisar a seguinte história sobre resiliência organizacional e ver o que significa confrontar a realidade.

Antes de 11 de setembro de 2001, Morgan Stanley, o famoso banco de investimentos, era o maior locatário do World Trade Center. A empresa tinha cerca de 2.700 funcionários trabalhando na torre sul, em 22 andares, entre o 43º e o 74º. Naquele dia terrível, o primeiro avião acertou a torre norte às 8h46 da manhã, e o Morgan Stanley começou a ser evacuado um minuto depois, às 8h47. Quando o segundo avião se abateu contra a torre sul, 15 minutos depois, os escritórios do Morgan Stanley estavam praticamente vazios. A empresa perdeu sete de seus funcionários, apesar de ter sido praticamente atingida em cheio.

É óbvio que foi pura sorte a organização estar localizada na segunda torre. Cantor Fitzgerald, cujos escritórios foram atingidos no primeiro ataque, não poderia ter feito nada para salvar seus funcionários. Ainda assim, foi o realismo implacável do Morgan Stanley que possibilitou que a empresa se beneficiasse de sua sorte. Logo depois do ataque de 1993 ao World Trade Center, os administradores seniores reconheceram que trabalhar em um local tão simbólico, espelho do poder comercial dos Estados Unidos, tornava a empresa vulnerável à atenção de terroristas e a possíveis ataques.

Com essa compreensão sombria, o Morgan Stanley lançou um programa de preparação em nível micro. Poucas empresas levam a sério o exercício de simulação de incêndio, mas isso não acontece no Morgan Stanley, cujo vice-presidente de segurança no Grupo de Investimento Individual, Rick Rescorla, adotou uma disciplina militar no trabalho. Veterano condecorado do Vietnã e altamente resiliente, Rescorla fez questão de assegurar que as pessoas saberiam exatamente o que fazer no caso de uma catástrofe. Quando o desastre se instalou no 11 de Setembro, Rescorla pegou o megafone e mandou os funcionários manterem a calma e seguirem as regras que já tinham praticado tanto, embora alguns supervisores do edifício insistissem em que estava tudo bem. Infelizmente, o próprio Rescorla, cuja história de vida foi bastante examinada nos últimos meses, foi um dos sete que não conseguiram se salvar.

"Quando se trabalha na área financeira, onde se depende muito da tecnologia, o planejamento de contingência é grande parte do negócio", diz o presidente e executivo-chefe de operações Robert G. Scott. Mas o Morgan Stanley estava preparado para uma realidade bastante crua. Tinha não apenas um, mas três pontos de encontro para os funcionários, de onde as estratégias seriam conduzidas caso os escritórios fossem danificados. "Ter escritórios para emergências parecia uma enorme extravagância no dia 10 de setembro", reconhece Scott. "Mas, no dia 12 de setembro, virou uma ideia genial."

Talvez fosse genial; sem dúvida foi uma obra da resiliência. O fato é que, quando realmente encaramos a realidade, podemos nos preparar para agir, nos tornando capazes de enfrentar e sobreviver a adversidades extremas. Nós nos treinamos a sobreviver antes que o fato aconteça.

## A busca por significado

A capacidade de enxergar a realidade está intimamente ligada ao segundo tijolo que forma a resiliência: a propensão a ver sentido nos tempos terríveis. Todos nós conhecemos aqueles que, no sofrimento, jogam as mãos para o alto e gritam: "Como isso pode estar acontecendo comigo?" Enxergam a si mesmos como vítimas e não aprendem nada ao passar por momentos difíceis. Mas pessoas resilientes elaboram cenários sobre seu sofrimento, a fim de criar uma espécie de significado para si mesmas e para os outros.

Tenho uma amiga, a quem chamarei de Jackie, que passou por diversos episódios de psicose durante um período de 10 anos por sofrer de transtorno bipolar não diagnosticado. Atualmente, ela tem um ótimo emprego em uma das principais editoras do país, formou família e é membro importante de sua comunidade religiosa. Quando lhe perguntam como se recuperou das crises, ela passa as mãos no cabelo. "Às vezes as pessoas dizem: 'Por que eu?' Mas eu sempre disse: 'Por que não eu?' É verdade, perdi muitas coisas durante minha doença, mas encontrei muitas mais: amigos incríveis que me ajudaram durante os tempos mais sombrios e que darão sentido à minha vida para sempre."

Essa dinâmica de dar sentido é, segundo a maioria dos pesquisadores, o modo como pessoas resilientes constroem pontes que ligam os dias de adversidade a um futuro melhor, mais completo. Essas pontes tornam o presente administrável ao remover a sensação de que ele é insuportável. Esse conceito foi lindamente articulado por Viktor E. Frankl, psiquiatra austríaco e sobrevivente de Auschwitz. Em meio a um sofrimento assombroso, Frankl inventou a "terapia do sentido", ou a logoterapia, uma técnica de terapia humanística que ajuda os indivíduos a tomar os tipos de decisão que vão criar significado para sua vida.

Em seu livro *Em busca de sentido*, Frankl descreveu o momento fundamental, no campo de concentração, em que desenvolveu a terapia do sentido. Estava a caminho do trabalho forçado, decidindo preocupado se deveria trocar seu último cigarro por um prato de sopa. Perguntava-se como iria trabalhar com um novo capataz que sabia ser particularmente sádico. Então ficou desgostoso ao constatar como sua vida tinha se tornado trivial e sem sentido. Percebeu que, para sobreviver, teria que encontrar algum propósito. Frankl passou a se imaginar dando uma palestra, depois da guerra, sobre a psicologia do campo de concentração, a fim de ajudar os que haviam ficado do lado de fora a entender pelo que ele havia passado. Mesmo sem ter certeza de que sobreviveria, Frankl estabeleceu alguns objetivos concretos para si. Assim, conseguiu superar os sofrimentos do momento. Como escreveu em seu livro: "Não devemos nunca esquecer que podemos encontrar o sentido da vida mesmo quando confrontados com uma situação desanimadora, quando enfrentamos um destino que não pode ser mudado."

A teoria de Frankl é a base da maioria dos treinamentos de resiliência nos negócios. De fato, fiquei surpresa com a frequência com que sua obra é mencionada por homens de negócios. "Treinamento de resiliência – o que chamamos de endurecer – é uma forma de ajudar as pessoas a dar sentido ao cotidiano", explica Salvatore R. Maddi, professor de psicologia da Universidade da Califórnia, em Irvine, e diretor do Hardiness Institute, em Newport Beach, Califórnia. "Quando as pessoas percebem a força do treinamento em resiliência, em geral dizem: 'Doutor, isso é psicoterapia?' Mas psicoterapia é para as pessoas cuja vida se desmantelou de modo drástico e precisa de conserto. Vemos nosso trabalho como um modo de mostrar habilidades e atitudes para a vida das pessoas. Talvez essas lições devessem ser ensinadas em casa ou na escola, mas não são. Então acabamos fazendo isso na empresa."

No entanto, o desafio que treinadores em resiliência enfrentam é quase sempre mais difícil do que podemos imaginar. O sentido pode ser esquivo, e só porque o encontramos uma vez não significa que vamos mantê-lo ou encontrá-lo de novo. Vejamos o exemplo de Aleksandr Soljenítsin, que sobreviveu à guerra contra os nazistas, à prisão no gulag e ao câncer. Quando se mudou para uma fazenda no pacífico e seguro estado americano de Vermont, não conseguiu lidar com o "Ocidente infantil". Não conseguiu identificar nenhum significado real naquilo que considerava ser uma liberdade destrutiva e irresponsável. Incomodado com seus críticos, exilou-se em sua casa com cercas e trancas, e quase nunca mais foi visto em público. Amargurado, Soljenítsin retornou à Rússia em 1994.

Como encontrar sentido no contexto pessoal de cada um é um aspecto muito importante da resiliência, não deveria ser surpresa que as organizações e pessoas mais bem-sucedidas possuam fortes sistemas de valor. Valores fortes infundem sentido, porque oferecem meios de interpretar e moldar acontecimentos. Embora hoje em dia esteja em voga ridicularizar os valores, certamente não é coincidência que a organização mais resiliente do mundo seja a Igreja Católica, que sobreviveu a guerras, corrupção e rupturas por mais de 2 mil anos, devido em grande parte a seus dogmas. Os negócios que sobrevivem também têm crenças que lhes fornecem um propósito além de simplesmente ganhar dinheiro. É notável como muitas empresas descrevem-nos em termos religiosos. A gigante farmacêutica Johnson & Johnson, por exemplo, chama de O Credo sua carta de princípios, entregue a todos os novos funcionários. A UPS constantemente cita seu Propósito Nobre.

Sistemas de valor em empresas resilientes mudam muito pouco com o passar dos anos e sustentam-nas em tempos de crise. O presidente e CEO da UPS, Mike Eskew, acredita que o Propósito Nobre tenha auxiliado a empresa a se recuperar depois da paralisação de 1997. Eskew diz: "Foi uma época muito difícil, como uma briga de família. Todo mundo tinha amigos dos dois lados e foi complicado escolher uma posição. O que nos salvou foi o Propósito Nobre. Independentemente do lado que assumiram, todos compartilhavam um conjunto comum de valores. Esses valores são essenciais para nós e nunca mudam; eles emolduram nossas decisões mais importantes. Nossa estratégia e nossa missão podem mudar, mas nossos valores, nunca."

As conotações religiosas de palavras como "credo", "princípios" e "propósito nobre", no entanto, não devem ser confundidas com o conteúdo real do que defendem. As empresas podem ter valores eticamente questionáveis e ainda assim serem bastante resilientes. Vejamos a Phillip Morris, que demonstrou resiliência impressionante diante da impopularidade crescente. Como observa Jim Collins, a Phillip Morris tem valores bastante fortes, ainda que não concordemos com eles – por exemplo, aquele que defende a "escolha adulta". Mas não há dúvida de que os executivos da Phillip Morris acreditam firmemente nesses valores, e a força de sua crença mantém a empresa à parte da maioria das outras companhias de tabaco. Nesse contexto, é importante notar que a resiliência não é nem má nem boa em termos éticos. Trata-se apenas da habilidade e da capacidade de ser forte sob condições de estresse e de grandes mudanças. Como escreveu Victor Frankl: "Em geral, somente conseguiram se manter vivos aqueles prisioneiros que, depois de passarem anos indo de um campo a outro, haviam perdido todos os seus escrúpulos na luta pela existência; eles estavam preparados para usar qualquer meio, honesto ou não, até mesmo brutal... a fim de se salvarem. Nós que voltamos... sabemos: os melhores não retornaram."

Valores positivos ou negativos são na verdade mais importantes para a resiliência nas organizações do que ter pessoas resilientes na folha de pagamento. Se os funcionários resilientes estão todos interpretando a realidade de modo diferente, suas decisões e ações podem muito bem entrar em conflito, colocando em risco a sobrevivência da organização. E, quando a fraqueza de uma organização se torna aparente, indivíduos altamente resilientes têm maior probabilidade de descartar a organização do que de colocar a própria sobrevivência em jogo.

## Criatividade ritualizada

O terceiro tijolo com o qual se constrói a resiliência é a capacidade de se virar com o que está disponível. Os psicólogos seguiram o exemplo do antropólogo francês Claude Lévi-Strauss, que chamou essa capacidade de bricolagem.[1] Surpreendentemente, as raízes dessa palavra estão intimamente ligadas ao conceito de resiliência, que literalmente significa "se virar". Lévi-Strauss diz: "Antigamente o verbo *bricoler* (...) era usado em referência a algum movimento diferente, peculiar: uma bola que rebate, um cão que se desgarra, ou um cavalo que dá uma guinada a fim de evitar um obstáculo."

Bricolagem, no sentido moderno, pode ser definida como um tipo de criatividade, a capacidade de improvisar uma solução para um problema sem ter as ferramentas ou os materiais adequados. Os *bricoleurs* estão sempre mexendo em alguma coisa – montando rádios com peças caseiras ou consertando o próprio carro. Tiram o máximo do que têm e encontram novos usos para os objetos. Nos campos de concentração, por exemplo, prisioneiros resilientes recolhiam pedaços de fio ou fiação sempre que os encontravam. Aquilo poderia se tornar útil mais tarde – talvez para consertar um par de sapatos que, em temperaturas baixíssimas, poderia fazer a diferença entre a vida e a morte.

Quando as situações se desdobram, os *bricoleurs* imaginam possibilidades enquanto os outros ficam confusos. Tenho dois amigos, que vou chamar de Paul Shield e Mike Andrews, que dividiram o quarto comigo durante os anos de faculdade. Não foi surpresa para ninguém quando, depois de se formarem, montaram um negócio juntos para vender material educativo para escolas, empresas e consultorias. No começo, a empresa foi um grande sucesso, transformando os dois fundadores em milionários. Mas a recessão do começo da década de 1990 atingiu a empresa em cheio, e muitos clientes debandaram. Na mesma época, Paul passou por um divórcio difícil e por uma depressão que o impossibilitou de trabalhar. Mike se ofereceu para comprar a parte de Paul, mas foi surpreendido por um processo judicial, sob a alegação de que estava tentando roubar o negócio. Nesse momento, uma pessoa menos resiliente poderia simplesmente se afastar da confusão. Mas não Mike. Enquanto o caso tramitava pelos tribunais, ele manteve a empresa como podia – transformando várias vezes o negócio até achar um modelo que funcionasse: formar joint-ventures para vender material

[1] Veja Karl E. Weick, "The Collapse of Sense-Making in Organizations: The Mann Gulch disaster", *Administrative Science Quaterly*, dezembro de 1993.

de treinamento em inglês para empresas chinesas e russas. Mais tarde, ele diversificou para a publicação de newsletters para clientes. A certa altura, chegou a escrever roteiros de vídeo para os concorrentes. Graças a toda essa bricolagem, quando o processo foi decidido a seu favor, Mike tinha um negócio completamente diferente e bem mais sólido do que aquele que havia começado.

A bricolagem também pode ser praticada em um nível mais elevado. Richard Feynman, ganhador do Prêmio Nobel de Física em 1965, exemplificou o que gosto de pensar como bricolagem intelectual. Por pura curiosidade, Feynman se tornou um especialista em arrombar cofres, não apenas observando a mecânica do arrombamento, mas também juntando percepções psicológicas sobre pessoas que usam cofres e definem os códigos. Ele arrombou muitos dos cofres de Los Alamos, por exemplo, porque imaginava que físicos teóricos não criariam códigos com números aleatórios, fáceis de esquecer, mas usariam, pelo contrário, uma sequência com significado matemático. No final, descobriu que os códigos dos três cofres que continham todos os segredos da bomba atômica foram definidos com a mesma constante matemática, *e*, cujos seis primeiros dígitos são 271828.

Organizações resilientes estão lotadas de *bricoleurs*, ainda que nem todos sejam um Richard Feynman. De fato, empresas que sobrevivem encaram o improviso como habilidade essencial. Vejamos a UPS, que dá poder aos motoristas para fazer o que for preciso a fim de entregar pontualmente um pacote. O CEO Eskew afirma: "Dizemos a nossos funcionários para fazer o trabalho. Se precisarem improvisar, eles vão improvisar. De outra forma, simplesmente não poderíamos fazer o que fazemos todos os dias. Pense em tudo que pode dar errado: um semáforo quebrado, um pneu furado, uma ponte interditada. Se uma nevasca atingir Lousville hoje à noite, um grupo de pessoas vai discutir como resolver o problema. Ninguém impõe uma só solução. Elas se reúnem porque essa é a nossa tradição."

Fiel a essa tradição, a empresa já entregava pacotes no sudeste da Flórida apenas um dia depois de o furacão Andrew ter devastado a região em 1992, causando bilhões de dólares em prejuízo. Muitas pessoas estavam vivendo no carro porque suas casas haviam sido destruídas. No entanto, os motoristas e gerentes da UPS classificavam pacotes em outro local e faziam entregas mesmo para aqueles que estavam confinados nos automóveis. Em grande parte, foi sua capacidade de improvisação que permitiu que ela continuasse a funcionar depois da catástrofe. E esse fato criou um sentido de propósito e significado em meio ao caos.

A improvisação do tipo praticada pela UPS, no entanto, passa longe da criatividade desenfreada. Na verdade, muito similar aos militares, a UPS vive de acordo com regras e regulamentos. Como diz Eskew: "Os motoristas sempre colocam a chave no mesmo lugar. Fecham a porta do mesmo modo. Usam o uniforme do mesmo jeito. Somos uma empresa de precisão." Ele acredita que, embora pareçam sufocantes, foram as regras que permitiram à empresa reagir rapidamente após o furacão Andrew, pois possibilitou que as pessoas se concentrassem nos reparos essenciais para continuar o trabalho.

A opinião de Eskew encontra eco em Karl E. Weick, professor de comportamento organizacional na Escola de Administração da Universidade de Michigan, em Ann Arbor, e um dos mais respeitados pensadores sobre psicologia organizacional. "Existem muitas evidências de que, quando colocadas sob pressão, as pessoas regridem aos modos mais habituais de reação que conhecem", escreveu Weick. "O que não esperamos sob pressão, em risco de vida, é ter criatividade." Em outras palavras, as regras e regulamentos que fazem com que algumas empresas pareçam menos criativas podem, na verdade, torná-las mais resilientes em épocas de turbulência real.

---

Claus Schmidt, o jornalista que mencionei no início, morreu no fim da década de 1990, mas não sei bem se conseguiria entrevistá-lo se estivesse vivo. Acho que teria sido esquisito perguntar: "Claus, você realmente enfrentou a realidade? Conseguiu encontrar sentido nas adversidades? Improvisou sua recuperação depois de cada desastre profissional e pessoal?" Talvez ele não fosse capaz de responder. Na minha experiência, pessoas resilientes não costumam se descrever assim. Elas minimizam suas histórias de sobrevivência e com frequência dizem que se tratou de sorte.

Obviamente, a sobrevivência muitas vezes é mesmo uma questão de sorte. Foi sorte do Morgan Stanley ter escritórios na torre sul do World Trade

Center, o que permitiu que os funcionários pudessem pôr em prática seu treinamento. Mas ter sorte não é o mesmo que ser resiliente. A resiliência é um reflexo, um modo de encarar e compreender o mundo profundamente enraizado na mente e na alma do indivíduo. As pessoas e as empresas resilientes enfrentam a realidade com convicção, encontram sentido nas adversidades, em vez de chorar de desespero, e improvisam soluções do nada. Outras não conseguem. Esta é a natureza da resiliência, e nunca vamos entendê-la por completo.

**Publicado originalmente em maio de 2002.**

4

# Administre sua energia, não seu tempo

*Tony Schwartz e Catherine McCarthy*

STEVE WANNER É UM SÓCIO RESPEITADO na Ernst & Young, casado, pai de quatro filhos. Quando nos encontramos há um ano, ele trabalhava de 12 a 14 horas por dia, sentia-se sempre exausto e tinha dificuldade em se dedicar à família à noite, o que o deixava culpado e insatisfeito. Dormia mal, não tinha tempo para se exercitar e raramente fazia refeições saudáveis. Era comum que almoçasse um sanduíche qualquer andando pela rua ou na mesa de trabalho.

A experiência de Wanner não é uma exceção. A maioria de nós reage às crescentes exigências no trabalho com o aumento da carga horária, o que inevitavelmente acarreta prejuízos físicos, mentais e emocionais. Isso, por sua vez, leva a níveis cada vez menores de comprometimento, níveis cada vez maiores de distração, altas taxas de rotatividade e gastos excessivos com médicos. Durante os últimos cinco anos, nós do Energy Project trabalhamos em grandes organizações com milhares de líderes e gestores durante consultorias e aconselhamentos. Com muita consistência, esses executivos nos contam que estão se esforçando mais do que nunca para manter o ritmo e que, cada vez mais, sentem que estão a ponto de explodir.

O problema de aumentar a carga horária é que o tempo é um recurso finito. Quando falamos de energia, a história é diferente. Definida pela física como a capacidade de realizar trabalho, nos seres humanos, ela se origina de quatro fontes principais: corpo, emoções, mente e espírito. Em cada uma dessas fontes, a energia pode ser expandida de forma sistemática e renovada com regularidade, ao estabelecermos rituais específicos – comportamentos praticados de forma intencional e programados com precisão com o objetivo de automatizá-los o mais rápido possível.

A fim de reenergizar com eficiência sua força de trabalho, as organizações precisam mudar o foco: em vez de tirar mais das pessoas, devem passar a investir mais nelas, para que fiquem motivadas e com condições de dar mais de si no trabalho diário. Para se recarregar, os indivíduos precisam reconhecer o custo de comportamentos que roubam vitalidade e, a partir daí, assumir a responsabilidade de mudá-los, independentemente das circunstâncias.

Os rituais e os comportamentos que Wanner adotou para administrar melhor sua energia foram transformadores. Ele começou a dormir mais cedo e parou de beber, o que antes atrapalhava seu sono. Como consequência, passou a se sentir mais descansado ao levantar e mais motivado a se exercitar, o que faz quase todas as manhãs. Em menos de dois meses ele perdeu cerca de sete quilos. Depois de se exercitar, ele senta com a família para tomar o café da manhã. Wanner ainda fica muitas horas no trabalho, mas consegue se recuperar durante o dia. Ele sai da sua mesa para almoçar e em geral dá outra caminhada ao ar livre à tarde. Quando chega em casa à noite, está mais relaxado e se sente disposto para interagir com a esposa e as crianças.

Estabelecer rituais simples como esses pode levar a resultados surpreendentes nas organizações. No Banco Wachovia, um grupo de funcionários passou por um programa de gestão de energia. Seu desempenho foi comparado com o de um grupo de controle. Os participantes superaram o grupo de controle em uma série de métricas financeiras, como o valor dos empréstimos que geraram. Relataram também melhoras substanciais nos relacionamentos com os clientes, na dedicação ao trabalho e em satisfação pessoal. Neste artigo, descreveremos o estudo do Wachovia com um pouco mais de detalhes. Depois vamos explicar o que os executivos e os gestores

## Em resumo

As empresas estão exigindo um desempenho cada vez maior de sua força de trabalho. As pessoas tentam atender à demanda, mas o método comum – trabalhar por mais horas – é um tiro no pé. Elas ficam exaustas, desanimadas e doentes. E acabam indo para ambientes de trabalho mais saudáveis.

Passar mais horas no escritório é um método que não funciona porque o tempo é um recurso limitado. Mas a energia pessoal é renovável, dizem Schwartz e McCarthy. Ao estimular rituais aparentemente simples, que ajudam os funcionários a reabastecer com regularidade sua energia, as organizações constroem a resiliência física, emocional e mental dos trabalhadores. Esses rituais incluem pausas breves em intervalos específicos, demonstrações de apreço pelos outros, reduzir interrupções e dedicar mais tempo em atividades que as pessoas fazem melhor e das quais gostam mais.

Ajude seus funcionários a renovar sistematicamente a energia pessoal e os benefícios irão direto para os resultados da empresa. Veja o caso do Banco Wachovia: participantes de um programa de renovação de energia produziram receitas de empréstimos 13% maiores de um ano para outro em comparação com o grupo de controle. E ultrapassaram em 20% os ganhos em receitas de depósito em relação ao grupo de controle.

podem fazer a fim de aumentar e renovar com regularidade a capacidade de trabalho – a abordagem usada pelo Energy Project, que aprofunda e expande vários conceitos fundamentais desenvolvidos por Jim Loehr, antigo parceiro de Tony, em seu trabalho inovador com atletas.

## Vinculação entre capacidade e desempenho no Wachovia

A maioria das grandes organizações investe no desenvolvimento da habilidade, dos conhecimentos e da competência dos funcionários. Poucas ajudam a construir e a sustentar a capacidade deles – sua energia. Na realidade, uma capacidade maior torna possível fazer mais em menos tempo,

## Na prática

Schwartz e McCarthy recomendam as seguintes práticas para renovar as quatro dimensões da energia pessoal.

**Energia física**

- Melhore o sono indo para a cama mais cedo e diminuindo a ingestão de bebida alcoólica.
- Reduza o estresse praticando atividades cardiovasculares pelo menos três vezes por semana e musculação pelo menos uma vez por semana.
- Faça pequenas refeições e lanches leves a cada três horas.
- Aprenda a perceber sinais de falta de energia, como inquietação, bocejos, fome e dificuldade de concentração.
- Ao longo do dia, faça pausas curtas, porém regulares, afastando-se da mesa a cada 90 ou 120 minutos.

**Energia emocional**

- Neutralize emoções negativas – irritação, impaciência, ansiedade, insegurança – com respiração abdominal profunda.
- Cultive emoções positivas em si e nos outros manifestando reconhecimento. Use bilhetes, e-mails, telefonemas ou conversas. Seja específico e detalhista.
- Observe situações perturbadoras com uma "lente reversa" para perguntar: "O que a outra pessoa que faz parte desse conflito diria e como ela poderia estar com a razão?" Use uma grande-angular para perguntar: "Como verei esta situação daqui a seis meses?" E uma teleobjetiva para perguntar: "Como posso crescer e aprender com esta situação?"

**Energia mental**

- Quando estiver executando uma tarefa que exija alta concentração, fique longe do telefone e dos e-mails, para reduzir as interrupções.

- Responda a e-mails e recados de voz em horários predeterminados.
- Todas as noites, identifique qual será o desafio mais importante do dia seguinte. Transforme-o em sua primeira prioridade assim que chegar ao trabalho.

**Energia espiritual**

- Identifique suas atividades prediletas – aquelas que lhe passam a sensação de eficiência, assimilação sem esforço e satisfação. Encontre meios de praticá-las com mais frequência. Por exemplo: um executivo que detesta fazer relatórios de vendas pode delegar a tarefa a alguém que goste de fazê-los.
- Dedique tempo e energia àquilo que considera mais importante. Por exemplo, passe os últimos 20 minutos do caminho até sua casa relaxando, para se conectar melhor com a família quando chegar.
- Viva seus valores fundamentais. Por exemplo, se o respeito é importante para você, mas está sempre atrasado para as reuniões, passe a chegar cinco minutos antes da hora marcada.

**Como as empresas podem ajudar**

Para apoiar rituais de renovação de energia em sua empresa:

- Monte "salas de renovação", onde as pessoas podem relaxar e se reabastecer.
- Subsidie o pagamento de academias de ginástica para os funcionários.
- Encoraje os gestores a reunir funcionários para fazer exercícios no meio do dia.
- Peça às pessoas que parem de checar e-mails durante as reuniões.

com um nível maior de compromisso e com maior sustentabilidade. Nossa experiência no Wachovia corroborou isso.

No começo de 2006, demos um curso para 106 funcionários de 12 agências regionais do sul de Nova Jersey, com quatro módulos, cada um focado em estratégias específicas para fortalecer uma das quatro principais

**Como os programas de renovação de energia impulsionaram a produtividade no Wachovia**

*No Banco Wachovia, funcionários que participaram de um programa de renovação de energia conseguiram superar um grupo de controle de funcionários, demonstrando melhoras significativas no desempenho de ano a ano durante o primeiro trimestre de 2006.*

**Aumento percentual em receita de empréstimos***

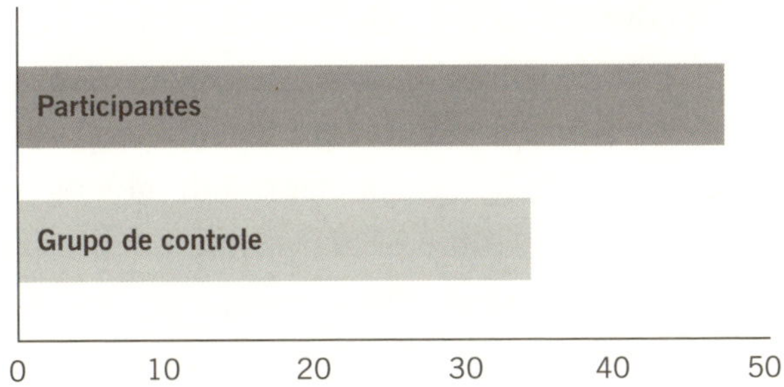


* De três modalidades principais.

**Aumento percentual em receita de depósitos**

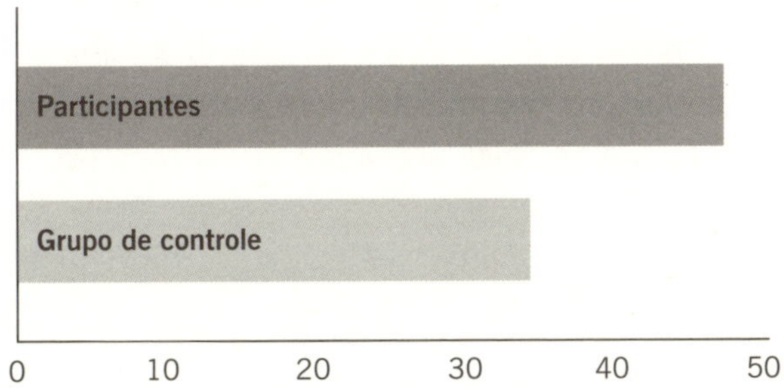


dimensões da energia. Ele foi dado em intervalos de um mês para grupos com cerca de 20 a 25 participantes, que iam de líderes seniores a administradores de escalão inferior. Designamos para cada participante um colega que serviria como fonte de apoio entre as sessões. Utilizando as métricas de desempenho do próprio Wachovia, avaliamos como foi o desempenho do grupo participante em comparação ao de um grupo de funcionários, em níveis similares, de agências próximas e que não passaram pelo treinamento.

A fim de criar uma base confiável de comparação, analisamos as mudanças percentuais no desempenho de um ano para outro em relação a diversas métricas.

Em uma medida, chamada "Big 3" – receitas advindas de três tipos de empréstimo –, os participantes obtiveram um aumento 13% maior do que o do grupo de controle nos primeiros três meses de nosso estudo, comparado ao ano anterior. Em receitas de depósitos, os participantes excederam o grupo de controle em 20% durante o mesmo período. Os ganhos precisos variaram de mês a mês, mas, com apenas um punhado de exceções, os participantes do estudo continuaram a demonstrar, de modo significativo, um desempenho superior ao do grupo de controle um ano depois de concluir o programa. Embora outras variáveis possam ter influenciado os resultados, houve uma notável consistência na superioridade dos participantes (veja na página anterior os gráficos Como os programas de renovação de energia impulsionaram a produtividade no Wachovia).

Também perguntamos aos participantes como o programa os influenciou em termos pessoais. Deles, 68% relataram que houve um impacto positivo no relacionamento com clientes e 71% apontaram impacto positivo visível ou substancial em sua produtividade e desempenho. Essas descobertas corroboraram uma série de evidências episódicas que reunimos acerca da eficácia dessa abordagem entre líderes de outras grandes empresas, como Ernst &Young, Deutsche Bank, Nokia, ING Direct, Ford e MasterCard.

## O corpo: energia física

Começamos o programa nos concentrando na energia física. Não é novidade que alimentação, exercícios, sono e descanso inadequados reduzem os níveis básicos de energia da pessoa, assim como a capacidade de administrar emoções e concentrar-se. Mesmo assim, muitos executivos não encontram meios de colocar em prática, com consistência, hábitos saudáveis, dadas às exigências que enfrentam.

Antes que os participantes de nosso programa comecem a explorar meios de aumentar sua energia física, eles passam por uma análise que inclui quatro questões em cada dimensão energética – corpo, emoções, mente e espírito (veja na página seguinte o teste Você está à beira de uma crise de energia?).

## Você está à beira de uma crise de energia?

*Por favor, marque a seguir as afirmações que correspondam a seu comportamento.*

**Corpo**

- ☐ Costumo dormir menos de sete ou oito horas por noite e geralmente acordo cansado.
- ☐ Pulo o café da manhã com frequência ou como besteiras.
- ☐ Não me exercito o suficiente (suficiente significa treino cardiovascular pelo menos três vezes por semana e treino de força pelo menos uma vez por semana).
- ☐ Não faço intervalos regulares durante o dia a fim de relaxar e recarregar as energias; muitas vezes almoço na mesa de trabalho ou até deixo de almoçar.

**Emoções**

- ☐ Com frequência me sinto irritado, impaciente ou ansioso no trabalho, especialmente quando estou fazendo algo que exige muito de mim.
- ☐ Não passo tempo suficiente com a família e os amigos e, quando estamos juntos, nem sempre estou emocionalmente com eles.
- ☐ Tenho muito pouco tempo para as atividades de que mais gosto.
- ☐ Quase não paro para demonstrar meu apreço pelos outros ou para saborear minhas realizações e bênçãos.

**Mente**

- ☐ Tenho dificuldade para me concentrar em uma coisa de cada vez, e me distraio com facilidade durante o dia, especialmente com e-mails.
- ☐ Passo boa parte do dia apagando incêncidos em vez de me concentrar em atividades mais lucrativas para a empresa e com valor a longo prazo.
- ☐ Não dedico tempo suficiente à reflexão, à elaboração de estratégias e ao pensamento criativo.
- ☐ Trabalho à noite ou nos fins de semana, e vejo e-mail do trabalho durante as férias.

**Espírito**

- ☐ No trabalho, não dedico tempo suficiente ao que faço melhor e mais me agrada.
- ☐ Existem lacunas significativas entre o que digo que é mais importante na minha vida e o modo como distribuo meu tempo e minha energia.

- ☐ Minhas decisões no trabalho costumam ser mais influenciadas por exigências externas do que por um sentido forte e claro do meu propósito.
- ☐ Não invisto tempo suficiente para fazer uma diferença positiva para os outros ou para o mundo.

---

**Como está sua energia em geral?**
Número de afirmações marcadas: ___

**Pontuação**
0-3: excelente capacidade de gerenciamento de energia
4-6: razoável capacidade de gerenciamento energia
7-10: deficiência significativa de gerenciamento de energia
11-16: crise total de gerenciamento de energia

**No que você precisa trabalhar?**
Número de pontos em cada categoria:
Corpo ___
Mente ___
Emoções ___
Espírito ___

**Guia para a pontuação em cada categoria**
0: excelente capacidade de gerenciamento de energia
1: forte capacidade de gerenciamento de energia
2: deficiência significativa de gerenciamento de energia
3: pouca capacidade de gerenciamento de energia
4: crise total de gerenciamento de energia

Na média, os participantes marcam entre oito e 10 das 16 perguntas, o que significa que estão pulando o café da manhã, falhando em demonstrar apreço pelos outros, lutando para se concentrar em uma coisa por vez, ou passando pouco tempo em atividades que lhes dão um sentido de propósito. Embora a maioria não se surpreenda com o fato de que esses comportamentos são contraproducentes, com frequência as pessoas se sentem desconfortáveis e preocupadas ao vê-los reunidos numa lista. Elas também preenchem tabelas projetadas para fazê-las perceber que o modo como se exercitam, se alimentam e dormem influencia seus níveis de energia.

O próximo passo é identificar rituais para ganhar e renovar energia física. Quando Gary Faro, um dos vice-presidentes do Wachovia, deu início ao programa, estava com bastante sobrepeso, comia mal, não tinha uma rotina regular de exercícios, trabalhava muitas horas e não dormia mais do que cinco ou seis horas por noite. Não se trata de um perfil incomum entre os líderes e administradores. Durante o programa, Faro começou um programa regular de exercícios cardiovasculares e de resistência. Passou a se deitar em horário predeterminado e a dormir mais. Mudou os hábitos alimentares. Em vez de fazer apenas duas grandes refeições por dia ("Quando em geral eu me empanturrava", diz), adotou refeições menores e lanches leves a cada três horas. O objetivo era ajudá-lo a estabilizar seus níveis de glicose durante o dia, evitando altos e baixos. Ele perdeu 22,7 quilos no processo, e seus níveis de energia dispararam. "Costumava programar projetos difíceis para as manhãs, quando sabia que estaria mais concentrado", diz Faro. "Não preciso mais fazer isso, porque agora fico tão concentrado às cinco da tarde quanto às oito da manhã."

Outro ritual importante adotado por Faro foi fazer pausas breves, mas regulares, em intervalos determinados – saindo sempre de sua mesa. Essas pausas se baseiam em nossa fisiologia. "Ritmos ultradianos" se referem a ciclos de 90 a 120 minutos durante os quais nosso corpo deixa lentamente um estado de alta energia para mergulhar num fosso fisiológico. Perto do fim de cada ciclo, o corpo deseja um período de recuperação. Os sinais incluem inquietação, bocejos, fome e dificuldade de concentração, mas muitos de nós os ignoram e continuam a trabalhar. A consequência é que nossa reserva de energia – a capacidade remanescente – se esvai com o passar do dia.

Descobrimos que pausas intermitentes para recuperação resultam em desempenho melhor e mais sustentável. A duração da pausa é menos importante do que sua qualidade. É possível conseguir uma excelente recuperação em um curto período – alguns minutos – quando se realiza um ritual que permita se desligar do trabalho e realmente mudar de frequência. Esse ritual pode ser levantar e conversar com um colega sobre algo não relacionado a trabalho, ouvir música em um iPod e até mesmo subir e descer as escadas do prédio. As pausas contrariam a cultura da maioria das organizações e parecem insensatas para muitas pessoas produtivas, mas seu valor é multifacetado.

Matthew Lang é diretor administrativo da Sony na África do Sul. Ele adotou alguns dos mesmos rituais de Faro, incluindo uma caminhada de 20 minutos à tarde. A caminhada que Lang faz não somente lhe fornece um alívio mental e emocional, além de um pouco de exercício, como também se tornou o momento em que tem suas melhores ideias criativas. Isso porque, quando anda, ele não está pensando de modo ativo, o que permite que o hemisfério esquerdo dominante de seu cérebro abra espaço para o hemisfério direito e sua maior capacidade de ter uma visão mais ampla e de dar saltos de imaginação.

## As emoções: qualidade da energia

Quando se consegue obter mais controle sobre as emoções, é possível melhorar a qualidade dessa energia, independentemente das pressões externas. Para isso, é preciso se tornar mais consciente em relação à variação dos sentimentos em diversos períodos durante o dia de trabalho, assim como compreender melhor o impacto dessas emoções na eficiência. A maioria das pessoas percebe que apresenta um desempenho melhor quando imbuída de energias positivas. O que as surpreende é a constatação de que não são capazes de ter um desempenho tão bom nem liderar com eficiência quando se sentem de outra forma.

Infelizmente, sem recuperação intermitente, não somos fisiologicamente capazes de manter emoções muito positivas por longos períodos. Confrontados por exigências contínuas e desafios inesperados, costumamos ficar com emoções negativas – o modo lutar ou fugir – até mesmo várias vezes ao dia. As pessoas se tornam irritadiças e impacientes, ou ansiosas e inseguras. Esses estados mentais sugam a energia e causam atritos nos relacionamentos. Emoções do tipo lutar ou fugir também impossibilitam que se pense com clareza, com lógica e de modo reflexivo. Quando os executivos aprendem a reconhecer os acontecimentos que desencadeiam emoções negativas, se tornam mais capazes de controlar suas reações.

Um ritual simples mas poderoso de dispersar emoções negativas é o que chamamos de "ganhar tempo". A respiração abdominal profunda é uma maneira de fazer isso. Expirar devagar por cinco ou seis segundos leva ao relaxamento e à recuperação pois desliga a reação de luta ou fuga. Quando começamos a trabalhar com Fujio Nishida, presidente da Sony Europe, ele tinha o costume de fumar toda vez que algo especialmente estressante acontecia – ou seja, pelo menos duas ou três vezes ao dia. Caso contrário, não fumava. Nós lhe ensinamos a técnica da respiração como uma alternativa ao cigarro, e ela funcionou de imediato. Nishida descobriu que não tinha mais o desejo de fumar. Concluímos que não era o cigarro que lhe fornecia o alívio do estresse, mas o relaxamento desencadeado pela inalação e exalação profundas do ato de fumar.

Um ritual poderoso para alimentar emoções positivas é demonstrar apreço pelos outros, prática aparentemente tão benéfica para quem faz quanto para quem recebe. Pode ser um bilhete, um e-mail, um telefonema, uma conversa – e quanto mais detalhado e específico, maior o impacto que causa. Como todos os rituais, reservar um tempo especial para fazer isso aumenta em muito as chances de sucesso. Ben Jenkins, conselheiro e presidente da divisão de varejo do Wachovia em Charlotte, no estado da Carolina do Norte, estabeleceu seu ritual de apreço no tempo reservado para mentoria. Passou a agendar almoços ou jantares com as pessoas que trabalhavam para ele. Antes, as únicas vezes em que se sentava com os subordinados diretos era para discutir relatórios mensais sobre resultados ou para fazer avaliações prévias sobre o desempenho deles. Agora, durante as refeições, sua prioridade é reconhecer as realizações deles e conversar sobre a vida e as aspirações, em vez de tratar de suas responsabilidades imediatas no trabalho.

Por fim, as pessoas podem cultivar emoções positivas ao mudar as histórias que contam a si mesmas. Muitas vezes, aqueles que vivem conflitos se colocam no papel de vítima, culpando os outros ou as circunstâncias externas pelos problemas. Tornar-se consciente da diferença entre os fatos que ocorrem em uma dada situação e o modo como os interpretamos pode ser poderoso. Para muitos, é revelador descobrir que é possível escolher o modo como vemos determinado fato e reconhecer o poder da história que contam para influenciar as emoções que sentem. Nós os ensinamos a contar, em qualquer situação, a história mais esperançosa, aquela que mais reafirma seu poder pessoal, sem negar ou minimizar os fatos.

O jeito mais eficaz que se tem de mudar uma história e deixar de ver o mundo sob a perspectiva da vítima é enxergá-la através de três novas lentes. Com a lente reversa, por exemplo, as pessoas se perguntam: "O que o outro que faz parte deste conflito diria, e como poderia estar com a razão?" Com a grande-angular, prosseguem: "Como verei esta situação daqui a seis meses?" Com a teleobjetiva, questionam: "Independentemente do resultado desta situação, como posso crescer e aprender com ela?" Cada uma dessas lentes pode ajudar as pessoas a cultivar emoções mais positivas.

Nicolas Babin, diretor de comunicação corporativa da Sony Europe, era o contato dos repórteres quando a Sony precisou fazer diversos *recalls* das baterias em 2006. Com o tempo, passou a achar seu emprego cada vez mais exaustivo e desalentador. Depois dos exercícios das lentes, encontrou modos de contar a si mesmo uma história mais positiva e poderosa sobre seu papel. "Percebi", explica, "que era uma oportunidade de criar relacionamentos mais fortes com os jornalistas, sendo acessível para eles, e de aumentar a credibilidade da Sony por ser uma empresa direta e honesta."

## A mente: foco e energia

Muitos executivos entendem que é necessário realizar múltiplas tarefas simultâneas, diante de todas as demandas que precisam atender como se fossem malabaristas. Na verdade essa estratégia solapa a produtividade. As distrações têm um custo: um desvio temporário na atenção, ao passar de uma tarefa para outra – responder a um e-mail ou atender uma ligação, por exemplo –, aumenta em até 15% o tempo necessário para concluir a tarefa principal, fenômeno conhecido como "tempo de comutação". É muito mais eficaz se concentrar totalmente por 90 a 120 minutos, fazer um intervalo de verdade, e depois voltar toda a atenção para a atividade seguinte. Referimo-nos a esses períodos de trabalho como "arrancadas ultradianas".

Quando se percebe o esforço necessário para manter a concentração, é possível criar rituais para reduzir as interrupções contínuas que a tecnologia introduziu no cotidiano. Começamos com um exercício que obriga as pessoas a enfrentarem o impacto de distrações diárias. Elas tentam finalizar uma tarefa complexa e são interrompidas com regularidade – uma experiência que, dizem elas, acaba se parecendo muito com seu dia a dia.

Dan Cluna, um dos vice-presidentes do Wachovia, projetou dois rituais para concentrar melhor sua atenção. O primeiro é sair da mesa e ir para uma sala de reunião, longe de telefones e e-mails, sempre que uma tarefa requer concentração. Atualmente ele termina relatórios em um terço do tempo que costumava levar. O segundo ritual diz respeito a reuniões nas agências com os especialistas financeiros que se reportam a ele. Antes, ele sempre atendia telefonemas durante as reuniões. Como consequência, os encontros programados para durar uma hora muitas vezes se estendiam por duas, e raramente ele conseguia dar atenção total a uma pessoa. Agora Cluna deixa as ligações caírem na caixa postal, para dar toda atenção à pessoa à sua frente. Ele ouve as mensagens acumuladas na caixa postal quando tem tempo livre entre as reuniões.

O determinado Wanner, da Ernst & Young, costumava responder a e-mails constantemente durante o dia – sempre que ouvia o "ping". Então ele adotou o ritual de checá-los apenas duas vezes por dia – às 10h45 e às 14h30. Se antes não conseguia acompanhar todas as mensagens, descobriu que agora consegue limpar a caixa de entrada toda vez que a abre – recompensa por dedicar totalmente sua atenção aos e-mails durante 45 minutos. Wanner também redefiniu as expectativas das pessoas com quem costumava se comunicar de forma regular por e-mail. "Disse a elas que, caso se trate de uma emergência e uma resposta instantânea seja necessária, devem me telefonar que sempre vou atender", afirmou. Nove meses depois, ainda não tinha recebido nenhum telefonema desse tipo.

Michael Henke, administrador sênior da Ernst & Young, reuniu sua equipe no início da agitada temporada do imposto de renda do último inverno e lhe disse que, durante certas horas do dia, iria desligar o Sametime (um sistema interno de mensagens instantâneas). Com isto, disse ele, ficaria menos disponível para responder a perguntas. Assim como Wanner, avisou que poderiam telefonar para ele caso surgisse alguma emergência, o que raramente acontece. Ele também encorajou o grupo a fazer pausas com regularidade durante o dia e a comer de três em três horas. Eles terminaram a temporada dentro do orçamento e com mais lucro do que outras equipes que não haviam participado do programa de renovação de energia. "Terminamos a mesma quantidade de trabalho em menos tempo", diz Henke. "Todo mundo ganhou."

Outra forma de mobilizar a energia mental é se concentrar sistematicamente em atividades que têm alavancagem de longuíssimo prazo. A menos que exista uma programação prévia de tempo para trabalhos mais desafiadores, as pessoas costumam adiá-los ou fazer tudo correndo nos últimos minutos. O ritual mais eficaz para a concentração adotado pelos executivos com quem trabalhamos talvez seja identificar, toda noite, o desafio mais importante do próximo dia e transformá-lo em sua primeira prioridade na manhã seguinte. Jean-Luc Duquesne, vice-presidente da Sony Europe em Paris, costumava responder aos e-mails assim que chegava ao escritório, como tantas pessoas. Passou a dedicar sua atenção nessa primeira hora ao assunto mais importante do dia. Às 10 da manhã ele já tem a sensação de que o dia foi bastante produtivo.

## A natureza humana: energia do significado e do propósito

As pessoas recorrem à energia da natureza humana quando suas atividades e seu trabalho diários são consistentes com o que mais valorizam e com o que lhes dá um sentimento de significado e propósito. Se o trabalho que fazem realmente importa para elas, sentem mais energia positiva, se concentram melhor e demonstram maior perseverança. Infelizmente, as altas demandas e o ritmo acelerado da vida corporativa não deixam muito espaço para essas questões. Muitos nem reconhecem o significado e o propósito como fontes de energia em potencial. De fato, se tentássemos começar nosso programa focando-nos na natureza humana, é provável que o impacto fosse mínimo. Somente quando os participantes já vivenciaram o valor dos rituais que estabeleceram nas outras dimensões é que percebem que prestar atenção em suas necessidades mais íntimas influencia de modo dramático sua eficiência e sua satisfação no trabalho.

Para o sócio da Ernst & Young Jonathan Anspacher, a simples oportunidade de fazer a si mesmo uma série de perguntas sobre o que realmente importava para ele foi tão esclarecedora quanto energizante. "Acho importante ser um pouco introspectivo e me perguntar como gostaria de ser lembrado", ele nos contou. "Não queremos ser lembrados como o sócio insano que trabalhava muitas horas e fazia os funcionários se sentirem infelizes. Quando meus filhos me telefonam e perguntam se posso assistir ao show da banda deles, quero dizer que sim, que vou estar lá e vou sentar na primeira fileira. Não quero ser o pai que entra e se senta no fundo, fica no celular e precisa sair para atender um telefonema."

A fim de ter acesso à energia da natureza humana, as pessoas precisam esclarecer quais são suas prioridades e estabelecer rituais em três categorias: fazer o que fazem melhor e lhes agrada mais no trabalho; reservar, de forma consciente, tempo e energia para todas as áreas de sua vida – trabalho, família, saúde e serviços para os outros – que consideram mais importantes; e se comportar de acordo com seus valores.

Quando estamos tentando descobrir o que fazemos melhor e do que mais gostamos, é importante perceber que essas duas coisas não coincidem necessariamente. É possível ter um monte de feedback positivo sobre algo no qual somos muito bons, mas que não apreciamos de verdade. Por outro lado, podemos amar determinada atividade, mas não ter o talento, e, portanto, ser bem-sucedido exige muito mais energia do que faz sentido investir.

Para ajudar os participantes do programa a descobrir quais são seus pontos fortes, pedimos que se lembrem de pelo menos duas experiências profissionais nos últimos meses, nas quais se sentiram em seu "melhor momento" – eficientes, absortos sem esforço, inspirados e realizados. Daí fazemos com que desconstruam essas experiências a fim de entender com precisão o que os energizou de forma tão positiva e de quais talentos tiraram partido. Se liderar a implementação de uma estratégia está na categoria de "melhor momento", por exemplo, o que seria mais estimulante: a sensação de estar no controle ou a participação em um empreendimento criativo? Ou seria a chance de utilizar uma capacidade que se domina com facilidade e que é, portanto, gostosa de exercitar? Depois, pedimos que estabeleçam um ritual que encoraje a fazer mais daquele tipo de atividade em particular no trabalho.

Um líder sênior com quem trabalhamos percebeu que uma das atividades de que menos gostava era ler e resumir relatórios detalhados de vendas, ao passo que uma de suas favoritas era pensar em novas estratégias. Ele encontrou um subordinado direto que adorava mergulhar em números e delegou-lhe o relatório de vendas – satisfazia-se em receber breves resumos diários. O líder também começou a marcar uma sessão de 90 minutos, sem formato predeterminado, a cada duas semanas, com as pessoas mais criativas do grupo.

Na segunda categoria – reservar tempo e energia para o que é importante para nós – muitas vezes há uma discrepância entre o que se diz que é importante e o que realmente se faz. Os rituais podem ajudar a preencher essa lacuna. Quando Jean-Luc, da Sony Europe, refletiu sobre suas prioridades pessoais, percebeu que passar tempo com a família era o que mais importava, mas que isso com frequência não cabia no seu dia. Então ele instituiu um ritual no qual se desligava por pelo menos três horas toda noite ao chegar em casa, para que pudesse se concentrar na família. "Ainda não sou um especialista em PlayStation", nos contou. "Mas, de acordo com meu caçula, estou aprendendo e sou um bom aluno." Steve Wanner, que costumava ficar no celular o tempo todo durante o trajeto de volta para casa, escolheu um local específico, a 20 minutos da chegada, onde finaliza qualquer ligação e guarda o telefone. Ele passa o resto do trajeto relaxando para, ao chegar, estar menos preocupado com o trabalho e mais disponível para a esposa e os filhos.

A terceira categoria – exercitar os valores morais no comportamento cotidiano – é também um desafio para muitos. A maioria das pessoas vive em um ritmo tão alucinante que raramente se pergunta no que acredita e o que quer ser. Como consequência, são as demandas externas que ditam suas ações.

Não sugerimos que ninguém defina explicitamente seus valores, porque os resultados costumam ser muito previsíveis. Em vez disso, tentamos descobri-los, em parte, fazendo perguntas cujas respostas são inadvertidamente reveladoras, tais como: "Quais são as características mais perturbadoras dos outros?" Quando descrevem o que não conseguem suportar, os participantes do programa acabam revelando aquilo em que acreditam. Se ficamos muito ofendidos com a mesquinhez, por exemplo, a generosidade é provavelmente um de nossos valores principais. Se ficamos desiludidos quando outros são grosseiros, é possível que a cordialidade seja um valor importante para nós. Como nas outras categorias, estabelecer rituais pode preencher a lacuna entre os valores aos quais aspiramos e o modo como nos comportamos no dia a dia. Se descobrimos que o respeito é um valor-chave, mas sempre chegamos atrasados às reuniões, o ritual pode ser aparecer cinco minutos mais cedo para o próximo encontro.

Tratar dessas três categorias ajuda a atingir um sentido maior de alinhamento, satisfação e bem-estar na vida profissional e pessoal. Esses sentimentos são uma fonte de energia positiva e reforçam o desejo de persistir nos rituais relativos a outras dimensões de energia.

---

Esse novo modo de trabalhar funciona desde que as organizações apoiem os funcionários a adotar novos comportamentos. Aprendemos, algumas vezes de forma dolorosa, que nem todos os executivos ou empresas estão preparados para abraçar a noção de que a renovação pessoal dos funcionários levará a um desempenho melhor e mais sustentável. A fim de serem bem-sucedidos, os esforços de renovação precisam de apoio sólido por parte da administração sênior, a começar pelo principal responsável pelas decisões.

No Wachovia, Susanne Svizeny, presidente da região na qual fizemos o estudo, era a principal fã do programa. Ela adotou os princípios e fez uma série de mudanças na própria vida, incluindo um compromisso visível para acrescentar rituais de renovação no seu dia a dia. Depois, tomou para si a tarefa de estimular o entusiasmo e o compromisso de sua equipe. No fim, ela enviava e-mails para todos os participantes do projeto a fim de encorajá-los em relação a seus rituais e obter feedback. Ficou claro para todos que ela levava o trabalho a sério. Seu entusiasmo era contagiante, e os resultados falaram por si mesmos.

Na Sony Europe, diversas centenas de líderes abraçaram os princípios da gestão de energia. Em um ano, mais de 2 mil de seus subordinados diretos passarão pelo programa de renovação de energia. De Fujio Nishida para baixo, tornou-se culturalmente aceito, na Sony, fazer pausas intermitentes, se exercitar na metade do dia, responder a e-mails apenas em determinados horários e até mesmo perguntar aos colegas que parecem irritados ou impacientes que tipo de histórias estão contando a si mesmos.

O apoio das empresas inclui mudanças nas regras, práticas e mensagens culturais. Muitas empresas com as quais trabalhamos montaram "salas de renovação", nas quais os funcionários relaxam e se reabastecem. Outras oferecem mensalidades em academias de ginástica. Em alguns casos, os próprios líderes reúnem grupos para se exercitarem na hora do almoço. Uma empresa instituiu um horário sem reuniões, entre 8 e 9 da manhã, para garantir que todos tenham pelo menos uma hora por dia sem nenhum encontro marcado. Em diversas companhias, inclusive na Sony, os líderes seniores concordaram, de maneira coletiva, em parar de verificar e-mails durante as reuniões, como forma de tornar os encontros mais focados e eficientes.

Um fator que pode emperrar o caminho do sucesso é a mentalidade de crise. As candidatas ideais para programas de renovação de energia são organizações que sofrem o suficiente para estarem ávidas por novas soluções, mas não tanto a ponto de se sobrecarregarem. Uma empresa onde tivemos o apoio ativo do CEO estava sofrendo pressão para crescer com rapidez, e a equipe sênior não podia se afastar de seu foco na sobrevivência imediata – mesmo que ter um tempo para renovação pudesse fazer com que se tornassem mais produtivos em nível mais sustentável.

Em contrapartida, o grupo da Ernst & Young passou de forma bem-sucedida pelo processo no auge da temporada de impostos. Com a permissão dos líderes, eles fizeram a prática de desativar energias negativas com exercícios respiratórios ou contando histórias diferentes, e alternaram períodos altamente focados no trabalho com pausas para renovação. A maioria dos integrantes do grupo relatou que o pico de atividades nesse período foi o menos estressante pelo qual passaram.

Hoje em dia, o contrato implícito entre as organizações e seus funcionários é que cada um vai tentar tirar o máximo que puder um do outro, tão rápido quanto possível, e depois seguir em frente sem olhar para trás. Acreditamos que isso seja contraproducente. Tanto os indivíduos quanto as organizações acabam empobrecidos. Os funcionários se sentem cada vez mais aprisionados e esgotados. As organizações são forçadas a aceitar funcionários pouco engajados e a contratar e treinar constantemente novos trabalhadores para substituir aqueles que decidem sair. Prevemos um contrato novo e explícito, que beneficia todos os lados: as empresas investem nas pessoas, em todas as dimensões de sua vida, para ajudá-las a ter e manter seu valor. Os indivíduos reagem trazendo todas as suas energias multidimensionais incondicionalmente para o trabalho todos os dias. Como resultado, ambos crescem em valor.

**Publicado originalmente em outubro de 2007.**

5

# Circuitos sobrecarregados

*Edward M. Hallowell*

DAVID TAMBORILA NA MESA enquanto checa os e-mails no computador. Ao mesmo tempo, fala ao telefone com um executivo que está do outro lado do mundo. Balança a perna. Às vezes morde os lábios e procura por sua companheira de todas as horas, a xícara de café. Ele está tão envolvido em tantas tarefas concomitantes que já esqueceu do alerta de compromisso enviado pela agenda do Outlook 15 minutos antes.

As salas de Jane, que é vice-presidente, e de Mike, o CEO, são vizinhas para que possam se comunicar com rapidez. No entanto, parece que isso é impossível. "Sempre que entro na sala do Mike, a luz do telefone dele acende, meu celular toca, alguém bate na porta, de repente ele se vira para a tela e escreve um e-mail, ou me fala sobre um novo assunto sobre o qual quer que eu me aprofunde", reclama Jane. "Trabalhamos sem parar, mas não conseguimos concluir nada importante. Isso está me deixando louca."

David, Jane e Mike não são loucos, mas com certeza estão enlouquecidos. A experiência deles está se tornando a norma para gestores com excesso de trabalho que sofrem – como muitos de seus colegas e possivelmente como você – de um fenômeno neurológico bastante real, mas ignorado, que chamo de traço de déficit de atenção, ou ADT (do inglês Attention Deficit Trait). Causado pela sobrecarga do cérebro, virou uma epidemia nas organizações. Os principais sintomas são distração, frenesi interno e impaciência. Quem sofre de ADT tem dificuldade em se manter organizado, em definir prioridades e em gerenciar seu tempo. Esses sintomas podem solapar o trabalho de alguém que, de outra forma, seria um executivo talentoso. Se David, Jane, Mike e os milhões como eles entendessem a si próprios em termos neurológicos, poderiam administrar ativamente suas vidas, em vez de somente reagir aos problemas quando eles surgem.

Como psiquiatra que diagnosticou e tratou milhares de pessoas nos últimos 25 anos por causa de uma condição médica chamada de transtorno do déficit de atenção, ou TDA (agora conhecido clinicamente como transtorno do déficit de atenção com hiperatividade, ou TDAH), observo em primeira mão como um segmento cada vez maior da população adulta vem desenvolvendo uma condição nova mas relacionada a ela. O número de pessoas que me procurou com ADT aumentou 10 vezes na última década. Infelizmente, a maioria das soluções para sobrecarga crônica propostas por consultores de gerenciamento de tempo e coaches não lida com as causas subjacentes do ADT.

Diferentemente do TDAH, um transtorno neurológico com componente genético que pode ser agravado por fatores ambientais e físicos, o ADT vem apenas do ambiente. Como os engarrafamentos, o ADT é um produto da vida moderna. Deflagra-se por demandas em relação ao tempo e à atenção que explodiram nas últimas duas décadas. Enquanto nossa mente se enche com barulho – eventos sinápticos insignificantes –, com o passar do tempo o cérebro vai perdendo a capacidade de prestar atenção de modo completo e profundo em qualquer coisa.

Os sintomas do ADT aparecem aos poucos. Quem sofre não passa por uma crise única, mas por uma série de emergências menores, enquanto tenta se manter à tona com dificuldade crescente. Ao assumir a responsabilidade de "engolir sapo" e não reclamar quando o trabalho aumenta, os executivos com ADT fazem o que podem para lidar com um fardo que

## Em resumo

Executivos frenéticos, que ficam inquietos durante reuniões, perdem compromissos e golpeiam os botões do elevador, não são loucos – estão apenas enlouquecidos. Sofrem de um fenômeno neurológico reconhecido recentemente, chamado **traço de déficit de atenção** (ADT, na sigla em inglês). Caracterizado por distração, inquietação interna e impaciência, o ADT impede que os gestores esclareçam quais são suas prioridades, tomem decisões inteligentes e gerenciem seu tempo. Essa condição insidiosa transforma profissionais que já foram talentosos em executivos constantemente irritados. E está alcançando proporções epidêmicas.

O ADT não é uma doença nem um defeito de caráter. É a resposta natural do cérebro a exigências cada vez maiores em relação a nosso tempo e a nossa atenção. Enquanto as informações inundam o cérebro, perdemos a capacidade de resolver problemas e lidar com o desconhecido. A criatividade murcha, os erros se multiplicam. Algumas pessoas às vezes sucumbem.

Como controlar o impacto devastador do ADT sobre o desempenho? *Promovendo emoções positivas* ao se conectar com pessoas de quem gostamos. *Cuidando do* cérebro ao dormir tempo suficiente, comer de forma saudável e se exercitar com regularidade. *Organizando-se para lidar com o ADT*, designando parte de cada dia a pensar e planejar, e organizando o escritório para que estimule o funcionamento mental (por exemplo, mantendo parte de sua mesa limpa o tempo todo).

Essas estratégias podem parecer bobas, mas o ajudarão a derrotar o demônio antes que ele ataque.

simplesmente não conseguem administrar tão bem quanto gostariam. Assim, sentem um nível de pânico e culpa reduzido, mas constante. Diante de um maremoto de tarefas, o indivíduo se torna cada vez mais apressado, brusco, peremptório e sem foco, enquanto finge que tudo está bem.

A fim de controlar o ADT, primeiro precisamos reconhecê-lo. E se nós, como indivíduos e líderes de organizações, pretendemos ser eficientes,

## Na prática

### Como combater o ADT

**Promova emoções positivas**

Emoções negativas – especialmente o medo – podem impedir o funcionamento produtivo do cérebro. A fim de promover sensações positivas, sobretudo em épocas de muito estresse, interaja diretamente com alguém de quem goste a cada quatro ou seis horas pelo menos. Num ambiente onde as pessoas estão em contato com outras em quem confiam, o funcionamento do cérebro fica azeitado. Ao se conectar de maneira confortável com colegas, você vai ajudar o centro "executivo" do cérebro (responsável pela tomada de decisões, planejamento e priorização de informações) a atuar da melhor maneira possível.

**Tome cuidados físicos com seu cérebro**

Sono reparador, boa dieta e exercício são fundamentais para afastar o ADT. O sono é suficiente quando não é preciso acordar com o despertador. Comemos bem quando evitamos açúcar e farinha branca e os substituímos por mais frutas, grãos integrais, vegetais e proteínas. Nos exercitamos o suficiente quando fazemos uma caminhada rápida ou subimos e descemos um lance de escada algumas vezes por dia.

**Organize-se para enfrentar o ADT**

Evite ler e-mails ou ouvir mensagens de voz assim que acordar; prefira realizar uma tarefa importante. Com os documentos, use a regra de "lidar com eles apenas uma vez": sempre que mexer em um documento, faça o que for necessário, arquive-o ou jogue-o fora. Trabalhe durante as horas do dia em que seu desempenho é o melhor. Use qualquer estratégia que ajude seu raciocínio, seja ouvir música, andar enquanto trabalha ou rabiscar durante reuniões. E, antes de encerrar o dia no escritório, faça uma lista com três ou cinco itens prioritários que precisam ser tratados no dia seguinte.

**O que a empresa pode fazer**

Em empresas que ignoram os sintomas do ADT, os funcionários não têm bom desempenho, criam desordem e tomam atalhos. Erros descuidados, doença e rotatividade crescem quando as pessoas desperdiçam seus recursos intelectuais. Para contra-atacar o ADT e reforçar o poder mental dos funcionários, invista naquilo que promove uma atmosfera positiva e produtiva.

*Exemplo:* Grande empresa de software, a SAS Institute cria um ambiente de trabalho acolhedor, conectado e relaxado ao oferecer aos funcionários comodidades como expediente de sete horas, que termina às 17hs, grande academia de ginástica e creche no local, além de refeitório com bebê-conforto e cadeirões para que os pais possam almoçar com as crianças. A recompensa? Os funcionários têm alta produtividade. E a rotatividade na SAS jamais excede 5% – o que representa milhões de dólares em termos de recrutamento, treinamento e pagamentos relacionados a demissões.

devemos mesmo fazer isso. Nas próximas páginas, oferecerei uma análise acerca das origens do ADT e algumas sugestões para ajudá-lo a administrar o transtorno.

## TDAH

A fim de entender a natureza e o tratamento do ADT, é útil saber alguma coisa sobre o TDAH.

Comumente visto como um distúrbio de aprendizado nas crianças, o TDAH também afeta cerca de 5% da população adulta. Com o uso de ressonância magnética, pesquisadores descobriram que, nos portadores de TDAH, *é levemente reduzido* o volume em quatro regiões específicas do cérebro, que têm diversas funções, como a de modular a emoção (especialmente a raiva e a frustração) e ajudar na aprendizagem. Uma das regiões, composta pelos lobos frontal e pré-frontal, gera pensamentos, toma decisões, define prioridades e organiza atividades. Os medicamentos usados para tratar o TDAH não modificam a anatomia do cérebro, eles alteram a química cerebral, que por sua vez melhora o funcionamento de cada uma das quatro regiões e reforça enormemente o desempenho daqueles que sofrem com o transtorno.

O TDAH tem desvantagens e vantagens. As características negativas incluem a tendência à procrastinação e à perda de prazos. As pessoas com TDAH lutam contra a desorganização e o atraso; podem ser esquecidas e se ausentar mentalmente durante uma conversa ou leitura. Seu desempenho tende a ser inconstante: brilhante em um momento e insatisfatório em seguida. Também costumam demonstrar impaciência e perder o foco, a menos que, por estranho que pareça, estejam sob estresse ou lidando com várias informações ao mesmo tempo. (Isso acontece porque o estresse leva à produção de adrenalina, que é quimicamente similar aos medicamentos que usamos para o tratamento.) Por fim, pessoas com TDAH às vezes se automedicam com excesso de ingestão de álcool ou de outras drogas.

Por outro lado, aqueles com TDAH costumam ter dons raros. No entanto, muitas vezes esses talentos passam despercebidos ou não são desenvolvidos, por causa dos problemas causados pelos sintomas negativos do transtorno. Podem ser extraordinariamente criativos e originais. Em certas circunstâncias, demonstram uma persistência incomum. Com frequência têm talento empreendedor. São engenhosos e encorajam esse traço nos outros. Sob pressão, tendem a improvisar bem. Como têm a capacidade de lidar com várias informações simultaneamente, podem ser fortes lideranças em tempos de mudança. Também costumam se recuperar com rapidez dos reveses e todos os dias trazem energia nova para a empresa.

Tipicamente, executivos com TDAH têm resultados inconsistentes. Algumas vezes fracassam miseravelmente, porque são desorganizados e cometem erros. Em outras, são brilhantes, oferecendo ideias e estratégias originais que levam ao mais alto desempenho.

David Neeleman, CEO da JetBlue Airways, tem TDAH. Para ele, a escola foi uma tortura; incapaz de se concentrar, ele detestava estudar e procrastinava o tempo todo. "Sentia como se devesse estar lá fora fazendo coisas acontecerem. Mas lá estava eu, preso, estudando estatística, que sabia que não seria útil para a minha vida", Neeleman me contou. "Sabia que precisava de estudos formais, mas, na primeira oportunidade de começar um negócio, caí fora da faculdade." Ele ascendeu com rapidez no mundo corporativo fazendo uso de seus pontos fortes – pensamento original, grande energia, habilidade de tirar o melhor das pessoas – e sendo auxiliado em relação à gestão de sua organização e de tempo.

Como tantos com TDAH, Neeleman às vezes ofendia os outros com palavras rudes, mas suas ideias foram boas o suficiente para mudar o setor da aviação. Por exemplo, ele inventou o bilhete eletrônico. "Quando propus essa ideia, riram de mim, dizendo que ninguém iria ao aeroporto sem ter um bilhete de papel na mão", diz. "Agora todo mundo faz isso, e a indústria economizou milhões de dólares." Faz sentido que tenha sido alguém com TDAH a inventar um jeito para não ter de se lembrar de carregar um bilhete de papel. Neeleman acredita que o transtorno é uma das chaves de seu sucesso. Longe de se lamentar, ele comemora. Mas entende que precisa gerenciá-lo com cuidado.

O traço de déficit de atenção se caracteriza pelos sintomas negativos do TDAH. Em vez de ter raízes na genética, o ADT é apenas uma resposta ao ambiente hipercinético no qual vivemos. De fato, a cultura moderna quase exige que desenvolvamos ADT. Nunca na história foi demandado do cérebro humano que prestasse atenção em tantos níveis de informação. Em todos os lugares, as pessoas dependem de celular, e-mail e assistente digital na corrida para juntar e transmitir cada vez mais rápido dados, planos e ideias. É possível argumentar que o principal valor da era moderna é a velocidade, descrita pelo romancista Milan Kundera como "a forma de êxtase que a tecnologia concedeu ao homem moderno". Viciados em velocidade, nós a queremos mesmo quando não há possibilidade de ir mais rápido. James Gleick ironicamente escreveu em *Acelerado: A velocidade da vida moderna* que o botão de "fechar porta" nos elevadores com frequência é aquele cuja tinta está mais desgastada. Enquanto a mente humana luta para manter o ritmo, ela tropeça e depois cai no mundo do ADT.

## Este é o seu cérebro

Embora os exames de imagem mais sensíveis não sejam capazes de detectar diferenças anatômicas entre pessoas com cérebro "normal" e aquelas com ADT, os estudos mostram que, quando se pede ao cérebro humano que processe quantidades estonteantes de dados, há um declínio na capacidade de resolver problemas com flexibilidade e de forma criativa e o número de erros aumenta. Para descobrir por quê, embarquemos numa breve jornada neurológica.

Abençoados com o maior córtex de toda a natureza, os proprietários desse órgão de trilhão de células colocam hoje pressão singular nos lobos frontal e pré-frontal, aos quais passarei a me referir neste artigo simplesmente como lobos frontais. Essa região governa o que é chamado, de forma bastante adequada, de funcionamento executivo (FE). O FE administra a tomada de decisões e o planejamento; a organização e a priorização da informação e das ideias; a gestão do tempo e diversas outras tarefas sofisticadas de gerenciamento, exclusivamente humanas. Enquanto os lobos frontais estão no comando, tudo vai bem.

Sob os lobos frontais ficam as partes do cérebro dedicadas à sobrevivência. Esses centros profundos governam funções básicas como sono, fome, desejo sexual, respiração e ritmo cardíaco, assim como emoções positivas e negativas de natureza primitiva. Quando estamos indo bem e operando em nível máximo, os centros profundos enviam mensagens de entusiasmo, satisfação e alegria. Eles aumentam nossa motivação, nos ajudam a manter a atenção e não interferem com a memória funcional, ou seja, com o número de informação que somos capazes de processar simultaneamente. Mas quando nos confrontamos com a sexta decisão, depois da quinta interrupção em meio à busca pelo nono fragmento de informação ausente, no dia em que o terceiro negócio caiu por terra e a décima segunda exigência impossível pisca, indesejável, na tela do computador, nosso cérebro começa a entrar em pânico, reagindo como se aquela sexta decisão fosse um tigre assassino, devorador de homens.

Como especialista em distúrbios do aprendizado, descobri que a deficiência mais perigosa não é nenhuma condição que possa ser diagnosticada de modo formal, como a dislexia ou o TDAH. É o medo. O medo nos conduz ao modo de sobrevivência e assim impede o aprendizado fluido e a compreensão de nuances. Com certeza, se um tigre de verdade estiver prestes a nos atacar, queremos estar no modo sobrevivência. O mesmo não acontece quando tentamos lidar de maneira inteligente com uma tarefa delicada. Nesse caso, seria altamente desagradável e contraproducente.

Quando os lobos frontais chegam perto da capacidade máxima e tememos não conseguir manter o ritmo, o relacionamento entre as regiões mais altas e mais baixas do cérebro dão uma reviravolta sinistra. Milhares de anos de evolução ensinaram o cérebro superior a não ignorar os sinais de aflição do cérebro inferior. Em modo de sobrevivência, as áreas profundas assumem o controle e passam a comandar as regiões superiores. Como resultado, o cérebro como um todo entra num beco sem saída neurológico. As regiões profundas interpretam as mensagens de sobrecarga que recebem dos lobos frontais da mesma forma como interpretam tudo: de modo primitivo. Elas emitem, com ferocidade, sinais de medo, ansiedade, impaciência, irritabilidade, raiva ou pânico. Esses sinais de alarme tiram de jogo a atenção dos lobos frontais, obrigando-os a entregar muito de seu poder. Como os sinais de sobrevivência são irresistíveis, os lobos frontais empacam, enviando respostas aos centros profundos: "Mensagem recebida. Tentando lidar com isso, mas sem sucesso." Essas mensagens perturbam ainda mais os centros profundos, que enviam mensagens de socorro ainda mais poderosas para os lobos frontais.

Enquanto isso, em resposta ao que se passa no cérebro, o restante do corpo – em particular os sistemas endócrino, respiratório, cardiovascular, osteomuscular e nervoso periférico – entrou no modo crise e modificou sua fisiologia basal, de paz e silêncio, para o alerta vermelho. O cérebro e o corpo ficam presos em um circuito reverberante, enquanto os lobos frontais perdem sua sofisticação, como se tivesse sido colocado vinagre no vinho. Nesse estado, o FE reverte para o pensamento preto no branco primitivo; a perspectiva e as nuances de cinza desaparecem. A inteligência diminui. Em uma tentativa fútil de fazer mais do que o possível, o cérebro paradoxalmente reduz sua capacidade de pensar com clareza.

Esse acontecimento neurológico sucede quando um administrador tenta desesperadamente lidar com mais informação do que é capaz. Em modo de sobrevivência, ele faz julgamentos impulsivos, apressando-se, raivoso, para concluir qualquer assunto pendente. Ele se sente compelido a obter o controle imediato, a extinguir o perigo detectado e a escapar da destruição. Sua flexibilidade, seu senso de humor e sua capacidade de lidar com o desconhecido são roubados. Ele se esquece do panorama geral e de seus objetivos e valores. Perde a criatividade e a capacidade de mudar de plano. Desesperado, quer matar o tigre metafórico. Nesses momentos está sujeito a entrar em crise, a ter um ataque, a culpar os outros e a se sabotar. Ou pode ir na direção oposta, caindo em negação e evitando totalmente os problemas que o acometem, somente para ser devorado. Este é o ADT em seu pior momento.

Apesar de nem sempre chegar a proporções tão extremas, o ADT faz estragos entre os trabalhadores acossados. Como não existem dois cérebros iguais, algumas pessoas lidam melhor com a condição do que outras. Independentemente de quão bem os executivos parecem funcionar, no entanto, ninguém tem controle total sobre seu funcionamento executivo.

## Gestão do ADT

Infelizmente, o primeiro escalão até agora tem encarado os sintomas de ADT pelas lentes distorcidas da moralidade e do caráter. Aqueles funcionários que parecem incapazes de manter o ritmo são vistos como deficientes ou fracos. Consideremos o caso de um executivo que me procurou quando estava completamente sobrecarregado. Sugeri que conversasse com seu superior e pedisse ajuda. Quando seguiu meu conselho, disseram-lhe que, se não conseguia lidar com o trabalho, deveria pensar em pedir demissão. Ainda que as avaliações sobre seu desempenho fossem excelentes e tivesse recebido elogios por ser uma das pessoas mais criativas da organização, deixaram que ele se desligasse. Como a empresa tentava preservar o mito de que seus funcionários jamais eram sobrecarregados, não podia tolerar as reclamações do executivo alegando o contrário. Depois que ele passou a trabalhar por conta própria, sua carreira desabrochou.

Como podemos controlar os efeitos devastadores do ADT, tanto em nós mesmos quanto em nossas organizações? Enquanto o TDAH costuma exigir medicamentos, o tratamento do ADT certamente não precisa. O ADT só pode ser controlado quando o ambiente, assim como a saúde física e emocional das pessoas, é engendrado de forma criativa. Descobri que as seguintes medidas preventivas fazem muito para auxiliar executivos a controlar os sintomas.

### Promova emoções positivas

O passo mais importante para controlar o ADT não é comprar um supercelular e enchê-lo com aplicativos de produtividade. Melhor é criar um ambiente em que o cérebro possa dar o melhor de si. Isso significa construir uma atmosfera emocional positiva, sem medos, porque a emoção é o botão liga/desliga do funcionamento executivo.

Existem motivos neurológicos para o ADT ocorrer com menos frequência em ambientes onde existe contato físico entre as pessoas, além de respeito e confiança mútuos. Quando você consegue se conectar de modo confortável a um colega, mesmo ao lidar com um problema avassalador, os centros profundos do cérebro enviam mensagens por meio do centro de prazer para a área que outorga recursos para os lobos frontais. Mesmo sob estresse extremo, esse sentimento de conexão humana faz com que o funcionamento executivo vibre.

Por outro lado, quem trabalha isolado fisicamente está mais suscetível, pois quanto mais isolados estamos, mais estressados ficamos. Testemunhei um exemplo drástico do perigo apresentado por um ambiente desconectado e o poder regenerador de um ambiente conectado quando fiz assessoria para uma das mais renomadas escolas de química do mundo. Na cultura bastante formal adotada então no departamento, o ADT corria desenfreado, exacerbado por uma ética que proibia que qualquer um pedisse ajuda ou sequer declarasse que qualquer coisa estava errada. As pessoas não confiavam umas nas outras. Elas trabalhavam sozinhas nos projetos, o que gerava ainda mais desconfiança. A maioria sofria dores emocionais, mas a noção de que grandes dores levam a grandes ganhos estava implícita na cultura do departamento.

No fim da década de 1990, um dos alunos mais talentosos se matou. O bilhete de suicídio culpava a universidade por forçá-lo a superar seus limites. A cultura do departamento era literalmente letal.

Em vez de tentar varrer a tragédia para baixo do tapete, o diretor do departamento de química e seu sucessor agiram com ousadia e criatividade. Mudaram de imediato a estrutura do sistema de supervisão, para que cada estudante de pós-graduação e pós-doutorado tivesse três supervisores, em vez de apenas um com mão de ferro sobre a carreira do aluno. O departamento passou a oferecer, a cada 15 dias, festas informais com bufê, o que fez com que as pessoas se relacionassem. (Até o químico mais recluso deixou seu esconderijo em busca de comida, um dos grandes estímulos à socialização.) Os dirigentes foram mais longe, ao promoverem mudanças na arquitetura do edifício principal, derrubando paredes, adicionando áreas comuns e um refeitório com um piano de cauda. Organizaram palestras e distribuíram folhetos para todos os alunos acerca dos sinais de perigo relacionados ao desgaste mental e também providenciaram assistência confidencial para aqueles que precisavam de ajuda. Esses passos, acompanhados por reuniões regulares que incluíam professores seniores e administradores da universidade, levaram a uma cultura mais humana e produtiva, na qual os estudantes e os professores se sentiram plenamente engajados. O desempenho do departamento continuou a ser de primeira linha e a pesquisa criativa floresceu.

Conclusão: fomentar vínculos e reduzir o medo promove o poder mental. Quando, a cada quatro ou seis horas, reservamos um tempo para um "momento humano", um contato pessoal com alguém que gostamos, damos a nosso cérebro o que ele precisa.

### Tome cuidados físicos com seu cérebro

Sono, uma boa dieta e exercícios são fundamentais para evitar o ADT. Ainda que isso soe uma obviedade, são muitos aqueles que abusam do cérebro ao negligenciar os cuidados mais básicos.

É possível tentar lidar com o ADT com menos horas de sono, na vã esperança de que assim será possível fazer mais. Isto é o oposto do que é necessário, pois o ADT se instala quando não se dorme o suficiente. Existe ampla documentação sugerindo que a privação de sono gera uma série de problemas, desde o comprometimento no processo de tomada de decisão e redução na criatividade até comportamento irresponsável e paranoia. A quantidade de sono necessária varia individualmente. De modo geral, o sono é suficiente quando se consegue acordar sem o despertador.

A dieta também tem um papel fundamental na saúde do cérebro. Muitos trabalhadores esforçados ingerem carboidratos em demasia, o que faz com que os níveis de glicemia oscilem de forma drástica. Isso leva a um círculo vicioso: flutuações rápidas nos níveis de insulina aumentam a vontade de comer carboidratos. O cérebro, que depende da glicose para ter energia,

## Controle seu ADT

**Em casa**

- Durma o suficiente.
- Preste atenção no que come. Evite carboidratos simples, açucarados; modere a ingestão de álcool; adicione proteínas; prefira carboidratos complexos (hortaliças, grãos integrais, frutas).
- Faça exercícios por, pelo menos, 30 minutos em dias alternados.
- Tome multivitamínicos e suplemento de ômega-3.

**No trabalho**

- Faça tudo que puder para criar um ambiente de trabalho integrado e de confiança.
- A cada quatro ou seis horas, converse com alguém de quem gosta.
- Divida tarefas grandes em outras menores.
- Mantenha parte de sua mesa ou do escritório limpa o tempo todo.
- Reserve, todos os dias, um "tempo para pensar" que não envolva compromissos, e-mails e telefonemas.
- Não lide com e-mails até ter completado pelo menos uma ou duas tarefas importantes.

fica saturado ou esfaimado, e nenhum dos dois estados colabora para o funcionamento cognitivo perfeito.

O cérebro trabalha muito melhor se o nível de glicose permanecer relativamente estável. Para fazer isso, evite carboidratos simples, que contêm açúcar e farinha branca (doces, pão branco e macarrão, por exemplo). Aposte nos carboidratos complexos, encontrado em frutas, grãos integrais e hortaliças. A proteína é importante: em vez de começar o dia com café e um pão doce, experimente chá e um ovo ou uma fatia de salmão defumado numa torrada de trigo integral. Tome uma cápsula de multivitamínico por dia, assim como suplementos à base de ácidos graxos como ômega-3. Uma excelente fonte é o óleo de peixe. O ômega-3 e os complexos E e B das

- Todos os dias, antes de sair do trabalho, crie uma pequena lista de três ou cinco itens para cuidar, no dia seguinte.
- Tente resolver, arquivar ou jogar fora todos os documentos nos quais coloca a mão.
- Não deixe que os papéis se acumulem.
- Preste atenção às horas do dia em que sente que está no seu melhor; faça o trabalho mais importante então, e guarde as tarefas automáticas para outras ocasiões.
- Faça o que for preciso a fim de trabalhar de modo mais focado: coloque música de fundo, dê uma voltinha e assim por diante.
- Peça que um colega ou um assistente o ajude a parar de falar ao telefone, mandar e-mails ou trabalhar até muito tarde.

**Quando se sentir sobrecarregado**

- Reduza o ritmo.
- Faça uma tarefa mecânica fácil; acerte o relógio, escreva uma nota sobre um assunto neutro (tal como a descrição de sua casa), leia algumas definições no dicionário, faça palavras cruzadas rápidas.
- Mexa-se: suba e desça um lance de escada ou ande rapidamente.
- Peça ajuda, delegue tarefas, promova um brainstorming.

multivitaminas promovem um funcionamento saudável do cérebro e podem até evitar a doença de Alzheimer e doenças inflamatórias (que podem ser o início de grandes problemas como ataque cardíaco, AVC, diabetes e câncer). Modere a ingestão de álcool também, porque o excesso mata os neurônios e acelera a perda de memória e até mesmo a demência. Quando mudamos nossa dieta para promover o funcionamento máximo do cérebro e a boa saúde em geral, nosso corpo também elimina os quilos a mais.

Se você acha que não tem tempo para se exercitar, pense de novo. Ficar sentado por horas a fio reduz a acuidade mental, não somente por causa do fluxo reduzido de sangue no cérebro, mas também por outras razões bioquímicas. O exercício físico induz o corpo a produzir uma gama de substâncias químicas que o cérebro adora, incluindo endorfinas, serotonina, dopamina, epinefrina e norepinefrina, assim como os compostos fator neurotrófico derivado do cérebro (BDNF, a partir da sigla em inglês) e fator de crescimento do nervo (NGF). Tanto o BDNF quanto o NGF promovem a saúde celular e o desenvolvimento cerebral, evitam os males causados pelo envelhecimento e pelo estresse, além de manterem o cérebro em condições excelentes.

Nada estimula a produção de BDNF e NGF de modo tão consistente quanto o exercício físico, o que explica por que aqueles que se exercitam com regularidade falam sobre a decepção e a morosidade que sentem quando deixam de treinar por alguns dias. O tempo investido na esteira será várias vezes compensado pelo aumento de produtividade e de eficiência. A fim de anular os sintomas do ADT no escritório, levante-se da mesa, suba e desça um lance de escada algumas vezes ou ande a passos rápidos por um longo corredor. Essas iniciativas simples são capazes de apertar o botão para "reiniciar" seu cérebro.

### Organize-se para o ADT

*É importante desenvolver táticas* para se manter organizado, mas isso não tem nada a ver com aquelas listas banais de resoluções de ano-novo. Ao contrário, seu objetivo é ordenar o trabalho de uma maneira que lhe seja adequada, para que a desorganização não o impeça de atingir suas metas.

Em primeiro lugar, elabore estratégias que ajudem os lobos frontais a ficarem no controle. Isso pode ser feito com a divisão de tarefas grandes em outras menores e ao manter uma seção em seu local de trabalho ou uma parte de sua mesa limpa todo o tempo. (Não é preciso ter um escritório arrumado, somente uma seção arrumada em seu escritório.) Da mesma forma, pode-se reservar uma parte do dia sem compromissos, e-mail ou outras distrações, para ter tempo de pensar e planejar. Como os e-mails são uma maneira maravilhosa de procrastinar e se preparar para um ADT ao mesmo tempo, pense em manter horários específicos para lidar com eles, já que não é necessário responder a todos de uma vez.

No começo do dia, não se deixe ser sugado em vórtices de e-mail ou mensagens de voz ou na realização de pequenas tarefas que consomem tempo mas não acrescentam muito. Em vez disso, dedique-se a uma tarefa crítica. Antes de finalizar o dia, faça uma lista com não mais do que cinco itens prioritários que exigirão sua atenção no dia seguinte. Listas curtas nos obrigam a estabelecer prioridades e a completar as tarefas. Adicionalmente, mantenha pilhas de documentos sob controle. Um de meus pacientes, um executivo com TDAH, usa a seguinte regra: lide com isso só uma vez. Se toco num documento, faço o que precisa ser feito: arquivo ou jogo fora. "Não coloco em uma pilha", diz. "Pilhas são como ervas daninhas. Se você as deixa crescer, tomam conta de tudo."

Preste atenção nas horas do dia em que você acha que tem o melhor desempenho. Faça nesse período o trabalho mais importante e deixe as tarefas mecânicas para outros horários. Organize seu escritório de modo a ajudar o funcionamento mental. Se você se foca melhor com música, ouça música (caso necessário, use fones de ouvido). Se pensa melhor de pé, trabalhe de pé ou dê voltas com frequência. Se rabiscar ou tamborilar os dedos numa superfície funciona, encontre um modo de fazer isso sem incomodar ninguém, ou leve um brinquedo para as reuniões. Essas pequenas estratégias parecem bobas, mas elas cuidam do ADT que reside nos detalhes que distraem.

### Proteja seus lobos frontais

A fim de ficar fora do modo de sobrevivência e impedir que o cérebro inferior usurpe o controle, desacelere. Leve o tempo que for preciso para entender o que está acontecendo, para ouvir, fazer perguntas e digerir o que foi dito, para não ficar confuso e deixar o cérebro inferior em pânico. Dê poder a um assistente para ajudá-lo; instrua-o a fazer você parar de mandar e-mails, falar ao telefone ou para sair do escritório.

Se começar a se sentir sobrecarregado, tente o seguinte truque para limpar a mente. Faça uma tarefa mecânica simples, como apontar um lápis ou escrever um memorando acerca de um assunto neutro. Caso esteja ansioso sobre o começo de um projeto, escreva um parágrafo sobre algo não relacionado (uma descrição da sua casa, seu carro, seus sapatos – qualquer coisa que você conheça bem). Você também pode abordar a parte mais fácil da tarefa; por exemplo, escrever apenas o título de um memorando. Abra um dicionário, leia algumas definições, ou fique cinco minutos fazendo palavras cruzadas. Cada uma dessas pequenas tarefas aquieta o cérebro inferior ao fazê-lo descartar mensagens alarmistas e devolve o controle total aos lobos frontais.

Por fim, prepare-se para o próximo ataque colocando um aviso, "Controle seu ADT", perto de sua mesa, onde possa vê-lo. Saber que está preparado diminui a probabilidade de um ataque, porque você não está mais suscetível ao pânico.

### O que os líderes podem fazer

Com muita frequência, as organizações induzem e exacerbam o ADT ao exigir pensamento rápido em vez de profundo. As empresas também demandam que seus funcionários trabalhem em vários projetos e iniciativas ao mesmo tempo, o que resulta em pensamentos de segunda linha. Pior ainda: as organizações costumam premiar os trabalhadores que aceitam a sobrecarga, punindo os que recusam e escolhem se focar.

Além disso, cometem o erro de obrigar o pessoal a fazer mais e mais com menos e menos ao eliminar a equipe de apoio. Tais empresas acabam perdendo dinheiro a longo prazo, pois quanto mais tempo um gestor perde sendo o próprio assistente e quanto menos consegue delegar, menos eficaz ele será para realizar o trabalho importante que faz a organização avançar. Adicionalmente, corporações que ignoram os sintomas de ADT da equipe sofrem com seus péssimos efeitos colaterais: os funcionários não são bem-sucedidos, criam confusão, tomam atalhos, cometem erros por descuido e desperdiçam inteligência. Enquanto as demandas aumentam, o ambiente tóxico, de alta pressão, leva a altos níveis de rotatividade e de doença entre os funcionários.

A fim de contra-atacar o ADT e fomentar o poder mental dos funcionários, as empresas devem investir em ambientes que contribuam para uma atmosfera positiva. O SAS Institute, grande desenvolvedor de software da Carolina do Norte, nos Estados Unidos, realizou um grande trabalho nesse sentido. A companhia oferece aos funcionários uma famosa lista de regalias: academia de ginástica de mais de mil metros quadrados no local; expediente de sete horas, que termina às 17h; a maior creche dentro de uma empresa no estado; um refeitório que conta com infra-estrutura para que os pais possam almoçar com os filhos; folgas ilimitadas devido a doenças; e muito mais. A atmosfera é acolhedora, conectada e relaxada. O efeito na base é bastante positivo: a rotatividade nunca ultrapassa 5%. Economizam-se os milhões que outras empresas de software gastam em recrutamento, treinamento e pagamentos relativos à demissão (estimados em pelos menos 1,5 vez o salário na indústria de software). Os funcionários retribuem com alta produtividade. As forças do ADT que dilaceram outras empresas nunca ganham ímpeto na SAS.

Os líderes também podem ajudar a prevenir o ADT ao combinar as habilidades dos funcionários a tarefas. Quando os dirigentes designam objetivos que exigem muito das pessoas ou pedem aos trabalhadores que se foquem naquilo em que não são bons, em vez de naquilo que fazem bem, o estresse aumenta. Por outro lado, os dirigentes que compreendem os perigos do ADT conseguem achar meios de se manterem na trilha certa, junto com as organizações. David Neeleman, da Jet Blue, por exemplo, identificou publicamente, sem qualquer constrangimento, as coisas nas quais não é bom e encontrou um meio de lidar com suas deficiências, tanto ao delegar quanto ao dar poder ao assistente para que o direcione. Neeleman também modela esse comportamento para o restante da organização. O modo aberto como lida com os desafios do TDAH abre precedente para que outros discutam as próprias dificuldades relativas a déficit de atenção e a conseguir o apoio de que necessitam. Ele também encoraja os gestores a combinar pessoas com tarefas compatíveis com seus estilos cognitivos e emocionais, sabendo que não existe um estilo melhor do que outro. Neeleman acredita que ajudar as pessoas a dar o máximo não é somente a marca de uma administração sofisticada; é também um excelente meio de incrementar a produtividade e a autoestima dos funcionários.

---

O ADT é uma ameaça bastante real para todos. Se não o administramos, ele nos administra. Mas a compreensão sobre o ADT e a destruição que provoca permite que apliquemos métodos práticos para melhorar nosso trabalho e nossa vida. No final, o passo mais crítico que um líder esclarecido pode tomar a fim de lidar com o problema é reconhecer sua existência. Tirar o ADT do armário e descrever seus sintomas retira o estigma e elimina a condenação moral que as empresas vêm colocando há tanto tempo e de forma errônea sobre funcionários sobrecarregados. Ao permitir que as pessoas peçam ajuda e ao manter a vigilância sobre sinais de estresse, as organizações farão muito a fim de fomentar ambientes de trabalho mais produtivos, bem equilibrados e inteligentes.

**Publicado originalmente em janeiro de 2005.**

6

# Seja um líder melhor, tenha uma vida mais rica

*Stewart D. Friedman*

DURANTE AS DUAS ÚLTIMAS DÉCADAS, em minha pesquisa e em meu trabalho como orientador, encontrei muitas pessoas que se sentiam insatisfeitas, sobrecarregadas ou estagnadas por não conseguir um bom desempenho em um ou mais aspectos de suas vidas. Não eram capazes de aplicar a capacidade de liderança em todos os domínios – trabalho, família, comunidade e em si mesmas (mente, corpo e espírito). É claro que sempre haverá alguma tensão entre os diferentes papéis que desempenhamos. Mas, ao contrário do que prega o senso comum, não há motivo para supor que se trata de um jogo de soma zero. Faz mais sentido buscar um desempenho excelente como líder em todos os quatro aspectos – atingindo o que vou chamar de "vitória quádrupla" – sem abrir mão de um pelo outro, mas encontrando valor mútuo entre eles.

Esta é a principal ideia de um programa chamado Liderança Total que ensino na Wharton School, em empresas e workshops no mundo todo.

"Liderança" porque é sobre a criação de mudanças sustentáveis que podem beneficiar não somente o indivíduo, mas as pessoas mais importantes à sua volta. "Total" porque é sobre a pessoa como um todo.

O caminho para a vitória quádrupla começa com uma visão nítida daquilo que queremos de cada domínio da vida e da contribuição que podemos fazer a cada um – hoje e no futuro –, levando em conta aqueles entes que nos são mais caros e as expectativas recíprocas. Esse processo é seguido pela elaboração e execução sistemáticas de experiências cuidadosamente idealizadas, tentando introduzir algo novo durante um curto período de tempo para verificar como isso afeta os quatro aspectos. Se uma experiência não funciona, ela é interrompida e ajustada. Pouco se perde. Se funciona, é uma pequena vitória; com o tempo elas se acumulam de modo que o esforço total se concentra cada vez mais em coisas e pessoas que realmente importam. Seja como for, aprende-se mais sobre a liderança em todos os aspectos da vida.

Esse processo não exige risco desmedido. Pelo contrário, funciona porque se baseia em expectativas realistas, mudanças de curto prazo sobre as quais se tem controle e no apoio explícito das pessoas mais próximas. Por exemplo, examinemos o caso de Kenneth Chen, um gestor que conheci durante um workshop em 2005. (Todos os nomes citados neste artigo foram alterados.) Seu objetivo profissional era se tornar CEO, mas ele também tinha outras metas que poderiam parecer conflitantes. Havia se mudado recentemente para a Filadélfia e queria se envolver mais com a comunidade. Além disso, queria estreitar os laços familiares. Para alcançar esses objetivos, decidiu entrar para um conselho comunitário, o que permitiria não só que aprimorasse suas habilidades de liderança (o que auxiliaria sua meta profissional), como também beneficiaria o domínio familiar, pois teria mais coisas em comum com a irmã, uma professora que contribuía todos os dias para a comunidade. Kenneth também tinha esperança de que sua noiva participasse, abrindo caminho para que fizessem algo para o bem comum juntos. Ele se sentiria mais vivo espiritualmente e isso, por sua vez, aumentaria a autoconfiança no trabalho.

Cerca de três anos depois, ele relata que não apenas faz parte do conselho comunitário com a noiva, mas que também está no caminho formal de sucessão para se tornar CEO. Ele é um líder melhor em todos os aspectos de sua vida pois age de um modo mais consistente com seus valores. De forma criativa, ele aprimora seu desempenho em todas as áreas e consegue que outras pessoas também se desenvolvam ao encorajá-las a integrar mais harmoniosamente as diversas partes de sua vida.

Kenneth não está sozinho. Os participantes dos workshops se avaliam no começo e no final do programa e relatam melhorias em termos de eficácia, além de maior harmonia entre domínios da vida até então conflitantes. Num estudo realizado durante quatro meses com mais de 300 profissionais da área de administração (na faixa etária dos 35 anos), o nível de *satisfação* subiu em média 20% no trabalho, 28% em casa e 31% no que tange à comunidade. O resultado mais significativo foi a satisfação em relação ao próprio eu – saúde física e emocional, crescimento intelectual e espiritual –, que aumentou 39%. Relataram também que o desempenho melhorou no trabalho (9%), em casa (15%), na comunidade (12%) e na esfera pessoal (25%). Paradoxalmente, esses ganhos aconteceram mesmo quando os participantes passaram a dedicar menos tempo ao trabalho e mais aos outros aspectos da vida. Esses profissionais estão trabalhando de uma forma mais inteligente – mais focados, envolvidos e comprometidos com tudo o que fazem.

Centenas de líderes de todos os níveis passam por esse programa todos os anos, mas não é preciso frequentá-lo para identificar experiências úteis. O processo é bastante direto, apesar de não ser simples. Nas seções a seguir, darei uma visão geral, assim como orientações referentes aos aspectos básicos, para projetar e implantar experiências que conduzem à vitória quádrupla.

## O processo de Liderança Total

O conceito de Liderança Total se baseia em três princípios:

- Seja verdadeiro: seja autêntico ao esclarecer o que é importante.
- Seja íntegro nas atitudes e no respeito ao outro.
- Seja inovador: aja com criatividade ao fazer experiências novas.

O processo começa quando pensamos, anotamos e conversamos com colegas designados para nos orientar a identificar valores essenciais, visão de liderança e alinhamento entre nossos atos e nossos valores – ou seja,

## Em resumo

A vida é um jogo de soma zero, certo? Quanto mais você se esforça para vencer em uma dimensão (por exemplo, no trabalho), mais as outras três dimensões (nós mesmos, nossa família e nossa comunidade) serão prejudicadas. Não necessariamente, segundo Friedman. Não é preciso abrir mão dos diferentes aspectos da vida. Nem é recomendável, pois esses sacrifícios podem deixá-lo exausto, insatisfeito ou isolado. E fazem mal às pessoas que você mais ama.

Para sobressair em todas as dimensões da vida, use o processo de **Liderança Total** de Friedman. Primeiro, descubra quem e o que é o mais importante na sua vida. Depois faça experiências, adotando pequenas mudanças para expandir sua satisfação e desempenho *nos quatro aspectos*. Por exemplo, exercitar-se três vezes por semana pode dar mais energia para o trabalho e melhorar a autoestima e a saúde, o que torna a pessoa melhor como pai, mãe, cônjuge, filho ou amigo.

A pesquisa de Friedman sugere que as pessoas que se concentram nos conceitos da Liderança Total conseguem aumentar entre 20% e 39% sua satisfação em todos os aspectos da vida, e têm uma melhora de 9% no desempenho no trabalho - mesmo adotando semanas mais curtas.

definindo o que é importante. O trabalho de coaching entre pares é tremendamente valioso, nesta fase e depois, porque um olhar externo fornece um anteparo para nossas ideias, propõe desafios e oferece novas maneiras de enxergar caminhos para a inovação, além de ajudar e cobrar os compromissos assumidos.

A partir de então identificam-se as pessoas mais importantes - stakeholders ou partes interessadas - em todos os aspectos e as expectativas de desempenho que cada uma tem em relação às demais. Está na hora de conversar com elas - e se você for como a maioria dos participantes, vai se surpreender ao descobrir que aquilo de que realmente precisam de você é diferente e menos do que imaginava.

Tais descobertas criam oportunidades para focar a atenção de forma mais inteligente, estimulando ações inovadoras. Agora, com uma noção

## Na prática

A Liderança Total ajuda a atenuar uma gama de problemas que surgem quando privilegiamos uma dimensão da vida em detrimento de outra(s). Seriam eles:

- Sentimento de **insatisfação** por não fazer aquilo que ama.
- Sentimento de **inautenticidade** por não agir de acordo com os próprios valores.
- Sentimento de **distanciamento** das pessoas mais caras.
- Sentimento de **exaustão** por tentar fazer tudo isso.

A fim de enfrentar tais problemas usando a Liderança Total, dê os seguintes passos:

**1. Reflita**

Reflita sobre a importância atribuída a cada uma das quatro dimensões da vida – trabalho, família, comunidade e seu eu. Pense em quanto tempo e energia dedica e qual seu nível de satisfação com cada uma delas. Existem discrepâncias entre o que é importante para você e o modo com que usa seu tempo e energia? Qual é o seu nível de satisfação com a vida, de modo geral?

**2. Pense em possibilidades**

Depois de refletir, faça uma longa lista de pequenas experiências que podem ajudá-lo a se sentir mais satisfeito com as quatro dimensões. São novas formas de fazer as coisas, que envolvem risco mínimo e permitem que se veja os resultados rapidamente. Por exemplo:

- Desligar o celular durante refeições com a família ajuda a aumentar sua concentração nas pessoas mais queridas.
- Fazer exercícios várias vezes por semana pode lhe dar mais energia.
- Participar de um clube com seus colegas de trabalho ajuda a fortalecer os laços de amizade.

- Preparar-se no domingo para a semana que entra proporciona uma noite melhor de sono e um bom começo na segunda-feira.

**3. Escolha experiências**

Resuma a lista de experiências sobre as quais pensou às três mais promissoras. Elas devem:

- Melhorar sua satisfação e desempenho em todas as quatro dimensões da vida.
- Ter efeitos considerados positivos pelas pessoas importantes em todas as quatro dimensões de sua vida.
- Ser as mais custosas – em arrependimento e oportunidades perdidas – caso você não passe por elas.
- Possibilitar a prática das habilidades que você mais quer desenvolver e fazer mais daquilo que quer fazer.

**4. Meça o progresso**

Desenvolva uma tabela de desempenho para cada experiência que escolher. Por exemplo:

**Experiência:** fazer exercícios três vezes por semana com o cônjuge.

<table>
<tr><th>Setor da vida</th><th>Objetivo da experiência</th><th>Como vou medir o sucesso</th><th>Passos para a implementação</th></tr>
<tr><td>Trabalho</td><td>Melhora da atenção e produtividade</td><td>Dispensar a cafeína para aguentar o dia; telefonemas de vendas mais produtivos</td><td rowspan="4">• Visitar o médico para aprovar o plano de exercícios.<br>• Entrar para uma academia.<br>• Acertar o despertador para acordar mais cedo nos dias de atividades físicas.<br>• Falar aos colegas de trabalho, família e amigos sobre os planos, como precisa da ajuda deles e como também serão beneficiados.</td></tr>
<tr><td>Família</td><td>Mais intimidade com o cônjuge</td><td>Menos discussões com o cônjuge</td></tr>
<tr><td>Comunidade</td><td>Mais disposição para participar de eventos beneficentes de atletismo com amigos</td><td>Três caminhadas beneficentes de 10km realizadas até o fim do ano</td></tr>
<tr><td>Eu</td><td>Melhora da autoestima</td><td>Aumento da confiança</td></tr>
</table>

mais clara em relação ao que é mais importante, e um quadro mais completo sobre seu círculo íntimo, é possível entrever novos modos de melhorar a vida, por você e pelas pessoas que o cercam.

O próximo passo é projetar experiências e depois testá-las durante um período controlado. As melhores experiências são mudanças que os participantes-chave querem tanto ou até mais do que você.

## Concepção das experiências

Buscar uma vitória quádrupla significa mudar com a intenção de atingir objetivos múltiplos que beneficiem cada um dos aspectos da vida. No trabalho, objetivos típicos de uma experiência podem ser agrupados sob temas amplos: aproveitar novas oportunidades para aumentar a produtividade, reduzir custos ocultos e melhorar o ambiente de trabalho. Os objetivos para a família e para a comunidade costumam girar em torno da melhora nos relacionamentos e de maiores contribuições para a sociedade. Para si mesmo, normalmente costumam ser medidas para melhorar a saúde e encontrar um sentido maior para a vida.

Enquanto se pensa sobre os objetivos da experiência, é preciso manter em mente os interesses e as opiniões dos participantes-chave e de qualquer outra pessoa que possa ser afetada pelas mudanças previstas. Ao explorar a ideia de fazer parte de um conselho comunitário, por exemplo, Kenneth Chen pediu conselhos ao chefe, que tinha muita experiência no assunto, e também ouviu o diretor de responsabilidade social da empresa e o vice-presidente da área de talentos. Dessa forma, obteve o apoio deles. A chefia pôde ver como a participação dele em um conselho beneficiaria a empresa, pois desenvolveria as habilidades de liderança de Kenneth e ampliaria sua rede social.

Algumas experiências beneficiam apenas um aspecto, mas trazem benefícios indiretos para os outros. Por exemplo, praticar exercícios físicos três vezes por semana é bom para a saúde e pode, de forma indireta, dar mais energia para o trabalho e aumentar a autoestima, o que por sua vez torna a pessoa melhor pai, mãe, cônjuge ou amigo. Outras atividades, como participar de uma corrida com os filhos para arrecadar dinheiro para uma instituição patrocinada pela empresa, têm ação nos quatro aspectos simultaneamente, com benefícios diretos para todos. Não importa se os benefícios são diretos ou indiretos, obter a vitória quádrupla é a meta. É isso que torna a mudança sustentável: todo mundo se beneficia. Os ganhos esperados não precisam emergir de imediato; e é bom lembrar que alguns benefícios talvez não sejam óbvios – como progressos de longo prazo na vida profissional, por exemplo, ou um contato que poderá proporcionar conexões importantes.

### Identifique possibilidades

Mantenha a mente aberta para o que é possível e tente pensar em todas as experiências que pode conseguir, descrevendo em uma frase ou duas o que faria em cada uma delas. Essa é a hora de deixar a imaginação livre. Não se preocupe, nesse momento, com os obstáculos em potencial.

No primeiro instante, conceber experiências que produzam benefícios para todas as diferentes áreas pode parecer uma tarefa enorme. Afinal, se fosse fácil, as pessoas não estariam tão tensas com o trabalho e com os demais aspectos da vida. Mas constatei que a maioria percebe que não é tão difícil se o desafio for enfrentado de forma sistemática. E, como um quebra-cabeça, pode ser divertido, especialmente se lembrarmos que as experiências precisam se adequar às nossas circunstâncias particulares. As experiências podem e costumam ter milhares de formatos. Mas, depois de ter revolvido centenas de projetos de experiências, minha equipe de pesquisa e eu descobrimos que elas tendem a cair em nove tipos gerais. Use as nove categorias descritas no quadro Como posso projetar uma experiência para melhorar todos os aspectos da minha vida?, na página seguinte, para organizar seu raciocínio.

Uma categoria de experiências requer mudanças nas horas e no local de trabalho. Um diretor de vendas de um fabricante de cimento global que participava do workshop experimentou trabalhar on-line, dentro de uma biblioteca pública, um dia por semana, a fim de se livrar de longas horas no trânsito. Foi uma ruptura na cultura da empresa, que tradicionalmente não apoiava o trabalho remoto, mas a mudança foi benéfica para todos. Ele teve mais tempo para se dedicar a interesses externos e se tornou mais envolvido e produtivo na vida profissional.

Outra categoria tem a ver com exercícios regulares de reflexão. Um exemplo é manter um registro de suas atividades, pensamentos e sentimentos ao

## Como posso projetar uma experiência para melhorar todos os aspectos da minha vida?

*Nossa pesquisa revelou que as experiências mais bem-sucedidas mesclam componentes de nove categorias gerais. Pensar em possibilidades dessa forma facilitará a concepção das pequenas mudanças que vão beneficiar de maneira mútua o trabalho, a casa, a comunidade e a você mesmo. A maioria das experiências são uma mistura de algumas dessas categorias.*

**Monitorar e refletir**

Manter um registro de atividades, pensamentos e sentimentos (e talvez distribuir esse relatório para amigos, família e colegas de trabalho) a fim de averiguar o progresso feito em relação aos objetivos pessoais e profissionais, aumentando dessa forma o autoconhecimento e mantendo as prioridades.

Exemplos

- Documente idas à academia junto com mudanças nos níveis de energia
- Monitore os períodos do dia em que se sente mais envolvido ou mais letárgico

**Planejamento e organização**

Tomar medidas para melhorar o uso do tempo e preparar um plano para o futuro.

Exemplos

- Use uma agenda para todas as atividades, não somente para o trabalho
- Compartilhe sua agenda com alguém
- Prepare-se para a semana no domingo à noite

**Renovação e restauração**

Cuidar do corpo, da mente e do espírito para que as tarefas diárias da vida e do trabalho sejam realizadas com força, foco e compromisso renovados.

Exemplos

- Abandone hábitos nada saudáveis (fumar, beber)
- Reserve um tempo para ler um livro de ficção
- Faça atividades que melhoram a saúde emocional e espiritual (ioga, meditação, etc.)

**Apreciar e cuidar**
Divertir-se (de preferência em atividades com colegas de trabalho fora do ambiente profissional), cuidar dos outros e cuidar dos relacionamentos como forma de se conectar num nível humano básico, a fim de respeitar a pessoa como um todo, o que aumenta a confiança.

Exemplos
- Faça parte de um clube do livro ou frequente a academia com colegas de trabalho
- Ajude seu filho a fazer o dever de casa
- Dedique um dia por mês a serviços comunitários

**Foco e concentração**
Estar fisicamente ou psicologicamente presente, ou ambos, quando for necessário prestar atenção aos participantes que mais importam. Às vezes isso significa dizer não a oportunidades ou a obrigações. Inclui tentativas de mostrar mais respeito às pessoas importantes situadas em diferentes áreas e a necessidade de estar disponível para elas.

Exemplos
- Desligue o celular em um período determinado
- Reserve um horário específico para se concentrar em uma coisa ou em uma pessoa
- Leia e-mails em horas predeterminadas durante o dia

**Revelar e se envolver**
Compartilhar mais de si mesmo – e ouvir – para que os outros possam dar maior apoio a seus valores e a seus futuros passos em direção à sua visão de liderança. Ao melhorar a comunicação acerca de aspectos diferentes da vida, demonstramos respeito pela pessoa como um todo.

Exemplos
- Mantenha conversas semanais sobre religião com o cônjuge
- Descreva sua visão para os outros
- Seja o mentor de um novo funcionário

**Mudança de horário e "recolocação"**
Trabalhar de local remoto ou durante períodos diferentes, a fim de aumentar a flexibilidade e assim se encaixar melhor na comunidade, na família e nas atividades

pessoais, ao mesmo tempo que se aumenta a eficiência, questionando crenças tradicionais e buscando novos meios de fazer as coisas.

Exemplos

- Trabalhe em casa
- Faça aulas de música no horário de almoço
- Trabalhe durante o deslocamento para o escritório

**Delegar e desenvolver**

Realocar tarefas de modo a aumentar a confiança, liberar tempo e desenvolver capacidades em você e nos outros. Trabalhar de forma mais inteligente, reduzindo ou eliminando atividades de baixa prioridade.

Exemplos

- Contrate um assistente pessoal
- Passe algumas de suas responsabilidades para um subordinado

**Exploração e aventura**

Buscar um novo emprego, carreira ou outra atividade que alinhe melhor o trabalho, a família, a comunidade e o eu pessoal com valores pessoais e aspirações.

Exemplos

- Assuma novos papéis no trabalho, como uma atribuição multifuncional
- Experimente um novo estilo de coaching
- Faça parte do conselho da creche de seu filho

longo de um mês para determinar como atitudes diferentes influenciam seu desempenho e sua qualidade de vida. Uma terceira categoria diz respeito ao planejamento e à organização do tempo – como recorrer a uma nova tecnologia que coordene compromissos profissionais e atividades dos demais domínios.

As conversas acerca do trabalho e de outros aspectos da vida costumam enfatizar a segmentação: como esqueço do escritório quando estou com a família? Como eliminar distrações e me concentrar unicamente nas tarefas? Em certos casos, porém, pode ser melhor tornar as fronteiras mais permeáveis. As mesmas tecnologias que dificultam a tarefa de estabelecer uma separação saudável entre diferentes aspectos da vida podem nos tornar mais produtivos e realizados – o que era impensável há uma década. Essas ferramentas nos dão escolha. O desafio é aprender a utilizá-las com sabedoria, e experimentos inteligentes criam oportunidades para que se desenvolvam tais habilidades nesse processo. O principal é saber identificar possibilidades que funcionarão bem em sua situação específica.

Todas as experiências eficientes exigem que questionemos suposições tradicionais sobre como as coisas são feitas, como aconteceu com o diretor de vendas. É mais fácil se sentir livre para fazer isso e agir de modo inovador quando sabemos que nosso objetivo é melhorar o desempenho em todos os aspectos e que vamos coletar dados acerca do impacto de nosso experimento, a fim de determinar se realmente está funcionando para os participantes-chave e para nós mesmos.

Independentemente do tipo de experiências que escolhemos, algumas têm certo grau de exigência: não são fáceis demais nem assustadoramente complexas. Podem ser algo corriqueiro para outra pessoa, mas isso não importa. O que é fundamental é que nós as vejamos como um desafio moderadamente difícil.

### Escolha algumas, comece e adapte

Inventar possibilidades é um exercício ilimitado de imaginação. Mas quando se trata de agir, não é útil tentar fazer mais de três experiências de uma só vez. É normal que duas delas sejam relativamente bem-sucedidas, enquanto uma terceira fracassa. Dessa forma, acumulam-se algumas vitórias pequenas e aprende-se algo útil sobre liderança sem dar um passo maior que a perna. Agora, a prioridade é reduzir a lista às três candidatas mais promissoras. Ou seja, aquelas que:

- dão o melhor retorno do investimento;
- têm o maior custo em termos de arrependimento e oportunidades perdidas caso não sejam executadas;
- permitem o exercício das habilidades de liderança que mais se quer desenvolver;

- sejam as mais divertidas, por envolverem mais daquilo que se quer fazer;
- façam você se aproximar do rumo desejado para sua vida.

Ao escolher e dar início às experiências, no entanto, é preciso estar preparado para se adaptar aos imprevistos. Não fique preso demais aos detalhes de qualquer plano de experiência, porque em algum momento haverá surpresas e necessidade de ajustes. Por exemplo, um executivo, que chamarei de Lim, escolheu como uma de suas experiências correr a Maratona de Chicago. Ele estava se sentindo fora de forma, o que por sua vez reduzia sua energia e seu foco tanto no trabalho quanto em casa. Sua esposa, Joanne, que estava grávida do primeiro filho, apoiou o plano no início porque acreditava que a concentração necessária para o treinamento e o esforço físico fariam de Lim um pai melhor. A família também tinha uma forte ligação com o atletismo, e a própria Joanne era uma atleta competente. Lim treinava com o chefe e outros colegas, e todos concordavam que se tratava de uma empreitada saudável que poderia melhorar a comunicação profissional (pois acreditavam que haveria tempo para estreitar laços durante os treinos).

Porém, conforme se aproximava a data do parto, Joanne ficou apreensiva, sentimento que expressou a Lim como receio de que ele sofresse uma lesão. A preocupação verdadeira, no entanto, era que ele estava passando tempo demais em uma atividade que poderia drenar sua energia quando a família mais precisasse dele. Um ajuste feito por Lim para reassegurar a Joanne seu compromisso com a família foi dar início a uma nova experiência que lhe permitia trabalhar em casa às quintas-feiras à tarde. Ele lançou mão de novas tecnologias e passou a enviar ao chefe um relatório mensal de suas atividades nessas tardes. E comprou um *sling* para carregar o filho enquanto estivesse em casa.

No fim das contas, Joanne não só estava lá com o bebê durante a maratona, incentivando Lim, como ainda se aproximou do grupo na segunda metade da corrida, quando sentiu que faltava energia ao marido. Os números do departamento dele melhoraram durante o período em que estava treinando e trabalhando em casa. Assim como o moral das pessoas – elas começaram a considerar que a empresa estava mais flexível e se motivaram a ser mais criativas em relação à maneira como faziam o próprio trabalho –, e a história se espalhou. Em toda a organização, os executivos encontraram ideias sobre como prestar mais atenção nos outros lados da vida dos funcionários e assim construíram um sentimento mais forte de comunidade no trabalho.

O investimento feito em uma experiência bem projetada quase sempre se paga, porque aprendemos a liderar de modo criativo e novo todas as partes de nossa vida. E, se as experiências são bem-sucedidas – como costuma acontecer –, todos serão beneficiados: você, a empresa, sua família e a comunidade.

## Aferição do progresso

O único modo de fracassar em uma experiência é não aprender com ela, e isso torna a medição útil e essencial. Sem dúvida, é melhor atingir os resultados que buscamos do que não chegar lá. Mas alcançar objetivos por si só não faz com que cheguemos mais perto de nos tornarmos os líderes que queremos ser. Experiências fracassadas nos dão, e àqueles à nossa volta, informações que nos ajudam a criar experiências melhores no futuro.

O quadro da página seguinte mostra como Kenneth Chen aferiu seu progresso. Ele usou essa tabela simples para especificar os benefícios pretendidos em cada um dos quatro aspectos e como avaliaria se tinha ou não conseguido obtê-los. Para fazer a própria tabela de desempenho, use uma folha para cada experiência; no alto da página, faça uma breve descrição. Depois, na primeira coluna, documente seus objetivos para cada aspecto. Na coluna do meio, descreva as métricas dos resultados: como vai aferir se os objetivos foram atingidos em cada aspecto. Na terceira coluna, descreva as métricas relativas às ações – o planejamento dos passos para implantar a experiência. Quando começar a implantá-la, pode descobrir que os indicadores iniciais eram amplos ou genéricos demais. Refine a tabela enquanto trabalha para torná-la mais útil. O ponto principal é ter meios práticos de medir resultados e o progresso, e a abordagem que adotar só precisa funcionar para você e para os participantes-chave.

Nos workshops, já foram usados todos os tipos de métrica: poupança feita com a redução de viagens, número de desentendimentos evitados em

## Como sei que minha experiência está funcionando?

*Com a ferramenta a seguir, Kenneth Chen descreveu de modo sistemático seus diversos objetivos, as métricas que usaria para medir seu progresso e os passos que daria na condução da experiência que o levaria a atingir esses objetivos – fazer parte do conselho de uma organização sem fins lucrativos. A tabela de Kenneth é somente um exemplo: a experiência, os objetivos e as métricas de cada pessoa são únicos.*

### Um exemplo de tabela

| | OBJETIVOS DA EXPERIÊNCIA | COMO VOU MEDIR O SUCESSO | PASSOS DE IMPLEMENTAÇÃO |
|---|---|---|---|
| **Trabalho** | ▶ Cumprir as expectativas de que os executivos ajudem a comunidade local<br>▶ Estabelecer relações com outros funcionários da minha empresa e com outros profissionais da área<br>▶ Aprender habilidades de liderança com outros membros do conselho e da organização na qual ingressar | ▶ Pegar cartões de visita de todas as pessoas que conhecer no conselho e durante as reuniões, e manter uma lista com os dados dos profissionais que conhecer<br>▶ Depois de cada reunião, descrever com regularidade as habilidades de liderança daqueles que gostaria de imitar | ☐ Reunir-me com meu diretor, que participou de diversos conselhos e pode me dar apoio e sugestões<br>☐ Reunir-me com o diretor de responsabilidade social da minha empresa a fim de determinar meus interesses reais e ajudar a avaliar quais relacionamentos nossa empresa tem com as diversas organizações comunitárias<br>☐ Discutir meu plano de ação com minha família e ver se é de seu interesse fazer parte de um conselho |

| | | | |
|---|---|---|---|
| **Família** | ▶ Fazer parte de um conselho que possa incluir minha noiva, Celine<br>▶ Ter assuntos para conversar com minha irmã (professora de educação especial) | ▶ Verificar se Celine se envolve com o conselho<br>▶ Registrar o número de conversas que minha irmã e eu tivermos sobre serviços comunitários nos próximos três meses e ver se elas nos uniram mais | ☐ Inscrever-me para participar da sessão geral do programa Business on Board<br>☐ Avaliar oportunidades diferentes dentro da comunidade e depois procurar organizações nas quais estou interessado |
| **Comunidade** | ▶ Ajudar com minha capacidade de liderança uma organização sem fins lucrativos<br>▶ Envolver-me mais na ajuda à comunidade | ▶ Registrar o que aprendo sobre cada organização sem fins lucrativos que pesquisar<br>▶ Registrar o número de vezes que participo das reuniões de conselho | ☐ Pedir para ser membro do conselho de uma comunidade |
| **Eu pessoal** | ▶ Sentir-me bem em relação à contribuição para o bem-estar dos outros<br>▶ Ver outros crescerem como resultado de meus esforços<br>▶ Tornar-me mais solidário | ▶ Manter um diário para avaliar meus sentimentos<br>▶ Avaliar o efeito que tenho sobre os outros, em termos de número de pessoas em potencial que são afetadas<br>▶ Pedir feedback aos outros para saber se me tornei mais solidário | |

e-mails, grau de satisfação com o tempo em família, horas como voluntário em um centro de apoio a adolescentes, e assim por diante. As métricas podem ser objetivas ou subjetivas, qualitativas ou quantitativas, registradas por você ou por outros, e observadas com frequência ou intermitentemente. Quando se trata de frequência, por exemplo, é útil considerar por quanto tempo você é capaz de lembrar o que fez. Por exemplo, ao fazer uma dieta para ficar saudável, aumentar a energia e melhorar relacionamentos importantes, a ingestão de comida será uma métrica importante. Mas você consegue se lembrar do que comeu há dois dias?

## Pequenas vitórias para uma grande mudança

As experiências não devem ser mudanças imensas e abrangentes no seu modo de vida. Projetos muito ambiciosos em geral fracassam. As melhores experiências permitem que se tente algo novo e ao mesmo tempo minimizam os inevitáveis riscos associados à mudança. Quando as apostas são menores, é mais fácil vencer o medo do fracasso que inibe a inovação. Os resultados começam a ser visíveis e os outros também percebem, o que serve de inspiração para ir adiante e gera apoio dos entes mais queridos.

Outro benefício da abordagem de pequenos ganhos é que ela abre portas que de outra forma ficariam fechadas. É possível dizer às pessoas envolvidas na decisão: "Vamos tentar só isso. Se não funcionar, voltamos ao modo antigo ou tentamos algo diferente." Ao enquadrar uma experiência como um teste, a resistência diminui, porque é mais provável que se aceite tentar algo novo quando não é algo permanente, e quando se tem controle para decidir se a experiência está funcionando de acordo com *suas* expectativas de desempenho.

Mas "pequeno" é um termo relativo – o que parece um pequeno passo para você pode parecer um salto enorme para mim, e vice-versa. Portanto, não se atenha à palavra. Além do mais, não se trata da amplitude ou da importância das mudanças realizadas. As grandes mudanças se baseiam em pequenos passos rumo a uma ideia importante. Assim, enquanto os passos em uma experiência podem ser pequenos, os objetivos não são. Ismail, empreendedor bem-sucedido de 50 anos e CEO de uma empresa de serviços de engenharia, descreveu deste modo o objetivo de sua primeira experiência: "Reestruturar minha empresa e meu papel nela." Não há nada de pequeno nisso. Ele sentia que lhe faltava um propósito.

Ismail projetou pequenos passos que lhe permitiriam caminhar em direção a seu objetivo amplo com o passar do tempo. Suas primeiras experiências eram pequenas e factíveis. Ele introduziu um novo método que tanto seus colegas quanto sua esposa poderiam usar para se comunicar com ele. Passou a reservar um tempo para a família e para a igreja. Enquanto procurava meios de liberar mais tempo, deu início a experiências de delegação, cujo efeito foi horizontalizar a estrutura da empresa. Essas pequenas vitórias perpassaram diversos setores, e no fim ele realmente conseguiu transformar sua empresa e seu próprio papel nela. Quando conversei com ele, 18 meses depois de ter começado, ele reconheceu que havia passado um mau bocado lidando com a perda de controle em relação a questões táticas de negócios, mas descreveu suas experiências como "um testemunho sobre a ideia de vencer as pequenas batalhas e, como resultado, ganhar a guerra". Tanto ele quanto seu primeiro escalão se sentiam mais confiantes em relação à nova estrutura organizacional.

---

As pessoas experimentam o programa Liderança Total por uma série de razões. Algumas se sentem insatisfeitas porque não estão fazendo o que gostam. Algumas não se sentem autênticas porque não estão agindo de acordo com seus valores. Outras se sentem desconectadas, isoladas das pessoas importantes de suas vidas. Elas anseiam por manter relacionamentos mais fortes, construídos com base na confiança, e desejam cultivar redes sociais mais enriquecedoras. Outras simplesmente não conseguem escapar da rotina. Querem fazer uso de sua energia criativa, mas não sabem como (e às vezes não têm coragem). Sentem-se sem o controle, incapazes de se integrar naquilo que é importante para elas.

Meu palpite é que há mais vitórias quádruplas disponíveis do que podemos imaginar. Elas estão aí para serem desfrutadas. É preciso saber como procurar por elas e depois encontrar o apoio e a disciplina para persegui-las. Ao fornecer um modelo de como podemos ser reais, completos e inovadores como líderes em todas as áreas de nossa vida, este programa nos ajuda a desempenhar melhor de acordo com os padrões das pessoas que nos são mais queridas; ajuda a nos sentir melhores em todos os aspectos; e a promover maior harmonia entre as diferentes esferas ao aumentar os recursos disponíveis para integrar todas as partes de nossa vida. Qualquer que seja o estágio ou a posição atual da carreira, podemos ser líderes melhores e ter uma vida mais rica – se estivermos prontos e dispostos a enfrentar o desafio.

**Publicado originalmente em abril de 2008.**

# 7

# Recupere o controle sobre seu trabalho

*Heike Bruch e Sumantra Ghoshal*

**PERGUNTE À MAIORIA DOS GESTORES** o que mais atrapalha o sucesso no trabalho e ouvirá uma ladainha familiar de reclamações: falta de tempo... os recursos estão reduzidos... faltam oportunidades. Quando se olha de perto, começa-se a perceber que essas queixas não passam, na maioria das vezes, de desculpas. O que atrapalha o sucesso dos gestores é algo muito mais pessoal – uma profunda incerteza sobre como agir com bom senso. Em vez de fazer o que é preciso para que a empresa – e a própria carreira – avance, perdem tempo com o que supõem que os outros querem que façam.

Nos últimos cinco anos, analisamos centenas de gestores em seu trabalho diário em organizações das mais variadas, entre elas uma companhia aérea de alcance mundial e uma grande empresa americana de petróleo. Como demonstramos no artigo "Beware the Busy Manager" (Cuidado com o gerente ocupado, HBR, fevereiro de 2002), 90% dos gestores que observamos perderam tempo e desperdiçaram produtividade apesar de terem projetos e objetivos bem definidos, além do conhecimento necessário para o trabalho. Continuam presos à armadilha da ineficiência porque supõem simplesmente que não têm arbítrio ou controle pessoal suficiente. A capacidade de tomar iniciativas é a qualidade mais essencial para qualquer administrador verdadeiramente bem-sucedido.

Na maioria dos casos, as demandas que os gestores consideram inapeláveis são, na verdade, opcionais por natureza. Em nossa pesquisa deparamos repetidas vezes com uma realidade curiosa, porém generalizada, da vida corporativa: a maioria dos gestores alega ter muito pouca liberdade enquanto os chefes reclamam que os gestores não conseguem agarrar oportunidades. Os gestores realmente eficientes que observamos são resolutos, confiam no próprio julgamento e adotam visões amplas, de longo prazo, a fim de cumprir objetivos pessoais que correspondem aos da organização. Eles escapam de seus supostos compartimentos, assumem o controle sobre seu trabalho e se tornam mais produtivos ao aprender a fazer o seguinte:

### Administrar demandas

A maioria dos gestores se sente sobrecarregada por solicitações. Presumem que o negócio vai parar por completo sem eles e assim abrem espaço para que as demandas cotidianas do trabalho, reais ou imaginárias, prevaleçam em seu julgamento. Gestores eficientes controlam, de forma proativa, suas tarefas e as expectativas das partes interessadas, o que permite que atinjam objetivos estratégicos em vez de apagar incêndios.

### Gerar recursos

Quando seguem o que consideram ser ordens rigorosas vindas do topo, muitos gestores típicos tendem a se concentrar em trabalhar dentro dos limites de recursos e do orçamento – e acabam, desse modo, com uma mentalidade estreita, do tipo "não posso fazer". Por outro lado, os gestores eficientes desenvolvem estratégias criativas a fim de driblar limitações reais ou imaginárias. Eles traçam caminhos para contornar as limitações ao desenvolver e agir de acordo com estratégias de longo prazo, fazendo compensações e descumprindo ocasionalmente as regras para atingir seus objetivos.

### Reconhecer e explorar alternativas

Os gestores medianos não têm perspectiva suficiente da estratégia geral de negócios da empresa para apresentar vias alternativas. Os eficientes, por sua vez, desenvolvem e usam um conhecimento profundo sobre uma área em particular que se encaixa com a estratégia da empresa. Essa tática permite que inventem uma variedade de abordagens inovadoras para uma determinada situação.[1]

Em resumo, os gestores realmente eficientes não operam com base em tarefas ou trabalhos individuais, mas no contexto muito mais amplo da organização onde trabalham e da própria carreira. Essa abordagem parece simples, mas nem sempre é fácil praticá-la, porque algumas culturas empresariais que alardeiam a "autonomia" na verdade desencorajam a tomada de decisão. Empresas jovens, de alta tecnologia, por exemplo, às vezes mantêm seus gestores reféns de um frenesi, inibindo assim a busca refletida e persistente de objetivos de longo prazo. Outras culturas – especialmente de corporações antigas e bem estabelecidas com hierarquia de comando e controle – podem encorajar a manutenção do status quo, independentemente do nível de disfunção organizacional existente. Nos dois tipos de ambiente, os gestores tendem a cair em um estado mental reativo, presumindo que qualquer iniciativa será ignorada ou desencorajada.

No entanto, na maioria dos casos, não é o ambiente que inibe atitudes objetivas. Em vez disso, são os próprios gestores. Descobrimos que eles podem aprender a agir de acordo com o próprio potencial e fazer a diferença. Vejamos como.

## Lidar com demandas

Quase todo mundo reclama de não ter tempo de lidar com todas as demandas recebidas, mas, na realidade, um dia altamente fragmentado é também um dia muito ocioso. Pode parecer mais fácil combater incêndios do que definir prioridades e se ater a elas. A verdade é que os gestores que

[1] A estrutura de demandas, limitações e escolhas como maneira de refletir sobre os trabalhos de administração foi sugerida pela primeira vez por Rosemary Stewart em seu livro *Managers and Their Jobs* (Macmillan, 1967). Veja também Rosemary Stewart, *Choices for the Manager* (Prentice Hall, 1982).

## Em resumo

Ao tentar resolver uma lista infinita de demandas dos outros, 90% dos gestores perdem tempo e desperdiçam sua produtividade. Por quê? Supomos - de maneira errada - que esses pedidos são exigências, e que não temos arbítrio ou controle pessoal sobre nossos trabalhos. A consequência? Continuamos presos à armadilha da ineficiência.

Mas podemos escapar - se aprendermos a agarrar oportunidades, confiar no próprio julgamento e ir atrás, de modo metódico, de objetivos pessoais que se alinham com os objetivos da empresa. A chave para isso? Definir prioridades - e aderir a elas, concentrando-se em esforços que dão apoio a essas prioridades. Superar limitações de recursos atacando os objetivos de forma estratégica, demonstrando sucesso a cada passo. E desenvolver uma gama de alternativas caso o plano A fracasse.

Todos querem fazer diferença na empresa, bem como construir uma carreira profissional satisfatória. Ao compreender como nos inibimos e agir de forma estratégica e com propósito, passamos a assumir o controle de nosso trabalho - em vez de deixar que nosso trabalho assuma o controle. A recompensa? Resultados impressionantes para a empresa e trabalho gratificante para nós.

estabelecem limites e prioridades com cuidado realizam muito mais do que os muito atarefados.

A fim de combater o hábito de estar sempre ocupados, os gestores precisam superar o desejo psicológico de se sentirem indispensáveis. Como seu trabalho é interativo e interdependente, a maioria gosta de alimentar o sentimento de ser importante para os outros. Quando não estão preocupados em cumprir as expectativas de seus superiores (ou dos clientes), inquietam-se acerca de seus subordinados, com frequência sendo vítimas da falácia popular de que bons chefes estão sempre disponíveis. A princípio, os gestores – em especial os novatos – parecem embarcar neste clamor: quanto mais ocupados estão, mais valiosos se sentem. No entanto, inevitavelmente as coisas começam a desandar. No final, muitos ficam esgotados

## Na prática

Para assumir o controle do trabalho e alinhar-se com as prioridades da empresa, adote três estratégias.

**Estabeleça prioridades para as demandas**
Para alcançar com rapidez suas metas e as da organização, desacelere, administre seu tempo e sua atenção.

*Exemplo:* A consultora sênior Jessica Spungin, da McKinsey, tomou para si projetos demais que tinham pouca ligação com suas habilidades e interesses. O resultado? As equipes de projeto das quais participava a classificaram em penúltimo lugar entre seus pares.

Ao perceber que seu desejo de ser indispensável vinha da falta de confiança, Spungin deu alguns passos a fim de administrar as demandas. Ela esclareceu para si mesma seu objetivo: tornar-se sócia da empresa. A partir disso estabeleceu prioridades de longo prazo alinhadas a esse objetivo. Começou a administrar o próprio desenvolvimento escolhendo, por exemplo, as tarefas que mais lhe interessavam. E passou a orquestrar seu tempo, reunindo-se somente com pessoas que realmente precisavam dela e trabalhando em projetos de longo prazo durante os meses em que viajava menos. Sua recompensa? Ficou em segundo lugar na avaliação feita por seus pares – e virou sócia da McKinsey.

**Libere recursos**
A fim de contornar as limitações de recursos e receber o suporte de que necessita, ataque os objetivos de forma estratégica. Seja paciente. O processo pode levar anos.

*Exemplo:* Como novo responsável pelo desenvolvimento de RH da companhia aérea Lufthansa, Thomas Sattelberger sonhava em fundar a primeira universidade corporativa de negócios da Alemanha. Sabendo que precisaria de vários anos a fim de estabelecer sua credibilidade, seu primeiro passo foi reformular os processos ineficientes de RH. Depois, desenvolveu iniciativas para apoiar a universidade: levantou recursos para esse projeto ao apresentar a seus colegas e ao CEO fatos e argumentos convincentes.

Depois de quatro anos de trabalho metódico, o CEO e o conselho da Lufthansa compreenderam como o programa de Sattelberger se encaixava. Quando ele escreveu um memorando aos conselheiros pedindo a criação da instituição antes que a Daimler-Benz pudesse passar na frente da Lufthansa, o conselho aprovou o pedido de imediato.

**Explore alternativas**

Use seus conhecimentos para antecipar – e driblar – possíveis obstáculos. Assim ampliará o escopo de oportunidade para sua empresa e para si mesmo.

*Exemplo:* Dan Andersson, administrador da refinaria de petróleo ConocoPhillips, na Suécia, fazia parte de uma equipe que explorava a entrada da empresa no mercado finlandês. A Conoco decidiu armazenar petróleo na Finlândia em tanques abandonados pela Shell. Mas Andersson desenvolveu planos de contingência. O plano B, por exemplo, envolvia a construção de uma nova instalação.

Seus esforços valeram a pena. Quando a pesquisa revelou que os tanques abandonados não eram adequados, Andersson ativou o plano B. Apesar de o local escolhido para a nova instalação estar contaminado, ele descobriu que a Shell era responsável pela limpeza da área. Quando a limpeza terminou, a Conoco construiu novos tanques.

A Conoco tornou-se a operadora mais eficiente de postos de autoatendimento na Finlândia. Hoje Andersson lidera o desenvolvimento de varejo da Conoco na Europa.

e fracassam, não somente porque ficam com pouco tempo para ir atrás dos próprios interesses como também porque, ao tentar agradar a todos, acabam sem agradar ninguém.

Jessica Spungin caiu nessa armadilha quando foi promovida a consultora sênior do escritório de Londres da McKinsey. Nesse cargo, espera-se que o consultor assuma mais responsabilidades, faça malabarismos com múltiplos projetos, aja como líder de equipe e tenha um papel ativo na vida do escritório. Spungin mergulhou de cabeça em todas essas tarefas. Enquanto lidava com dois grandes projetos de clientes, pediram-lhe que coliderasse o recrutamento para universidades e escolas de administração do Reino Unido, participasse de um projeto de pesquisa interna, atuasse como mentora de seis analistas de negócios, organizasse uma festa do escritório para 750 pessoas, se envolvesse no treinamento interno e desse uma ajuda em um novo projeto para uma empresa da área de saúde.

Na primeira rodada de feedback dos três projetos que supervisionava, ficou em penúltimo lugar entre seus pares. Spungin percebeu então que o desejo de ser indispensável havia nascido da falta de confiança. "Nunca disse 'não' para ninguém, para que não pensassem que eu não era capaz. Nunca disse 'não' a um cliente que queria que eu participasse de uma reunião", ela nos contou. "Fiz o que achei que esperavam de mim, sem levar em conta meus pontos fortes, a importância ou o que eu fisicamente podia fazer."

O primeiro passo para a transformação de Spungin de gestora ocupada em gestora eficiente foi desenvolver uma visão do que realmente queria conseguir na McKinsey: se tornar sócia. Ao desenvolver um quadro mental claro de si mesma nesse papel, ela substituiu o hábito de pensar em períodos de curta duração, de três a seis meses, pelo pensamento em períodos estratégicos, de um a cinco anos.

Esse planejamento mais estendido permitiu que Spungin desenvolvesse um conjunto de objetivos e prioridades de longo prazo. Logo ela passou a controlar o próprio desenvolvimento. Por exemplo, ficou claro para Spungin que a atividade bancária corporativa – que seus colegas acreditavam ser sua área de especialidade, com base em sua experiência anterior – não lhe interessava, embora tivesse aceitado participar de um projeto bancário depois do outro. Ela decidiu mudar seu foco para a prática organizacional, algo de que realmente gostava. (A McKinsey, como muitas empresas, oferece bastante flexibilidade a seus consultores para escolher suas tarefas, mas a maioria não se beneficia dessa oportunidade.) Ao reivindicar um compromisso pessoal e integrar responsabilidades de curto, médio e longo prazos em seu plano-mestre mais amplo, Spungin se sentiu muito mais motivada e entusiasmada acerca do trabalho do que quando simplesmente reagia às demandas cotidianas.

Finalmente Spungin assumiu controle de seu tempo. Ela percebeu que tentar ser acessível para todo mundo a tornava inacessível para aqueles que realmente precisavam dela. Começou a estabelecer prioridades para o tempo que passava com clientes e membros da equipe. Com a ajuda de seu assistente pessoal, agilizou o trabalho. Antes, o assistente marcava reuniões de forma pouco sistemática. Spungin passou a gerenciar a agenda e decidir quais as reuniões de que precisava participar. Começou a reconhecer padrões de intensidade de trabalho de acordo com a época do ano; por exemplo, como viajava menos no outono, reservou meio dia por semana para trabalhar nos projetos de longo prazo. No final, percebeu a ironia da gestão eficaz: a fim de atingir com rapidez os objetivos relevantes, ela precisava desacelerar e assumir o controle. Para sua surpresa, as pessoas que se reportavam a ela, assim como seus supervisores e clientes, passaram a reagir bem quando ela dizia não.

Spungin ficou mais capaz de reagir e moldar as demandas que decidiu cumprir assim que parou de tentar agradar a todo mundo. Ela se tornou mais proativa – apresentando seus próprios objetivos e ideias para influenciar o que os outros esperavam dela. Ao se concentrar nas exigências mais importantes, ela ultrapassou as expectativas. Um ano depois de ter sido classificada em penúltimo lugar entre seus pares, ela ficou na segunda posição. Em junho de 2003, Spungin foi nomeada sócia da McKinsey.

## Desenvolver recursos

Além de falta de tempo, muitos gestores reclamam de escassez de pessoas, dinheiro e equipamentos, e do excesso de regras e regulamentos. Eles batalham com recursos limitados. Enquanto alguns se sentem frustrados e continuam a bater a cabeça, sem sucesso, outros simplesmente desistem. Por outro lado, aqueles que desenvolvem uma estratégia de longo prazo e atacam seus objetivos devagar, de forma constante e estratégica, podem conseguir o respaldo que desejam.

Thomas Sattelberger enfrentou todos os tipos de dificuldade em 1994, quando deixou a Daimler-Benz para ingressar na Lufthansa como chefe de desenvolvimento de recursos humanos e de gestão empresarial. Na época, a Lufthansa passava por um programa estratégico de redução de custos que exigia de cada unidade o corte de gastos totais em 4% por ano durante os cinco anos seguintes. Em geral os funcionários interpretavam essa diretriz como uma proibição para investir em qualquer coisa além do estritamente necessário. E mais, os processos de recursos humanos da Lufthansa eram desorganizados: requerimentos de rotina levavam meses para ser resolvidos, e com frequência os contratos continham erros tipográficos. Esse tipo de problema operacional existia no departamento havia muito anos.

Para a maioria dos gestores na posição de Sattelberger, os objetivos teriam sido simples: fazer com que o departamento de RH passasse a funcionar direito sem elevar os custos, garantir a manutenção da qualidade dos serviços e receber o contracheque. Mas Sattelberger tinha aspirações maiores. Ele havia se transferido para a Lufthansa com o sonho de desenvolver a organização de recursos humanos empresarial mais notável da Alemanha, o que ajudaria a transformar a antiga estatal em uma companhia aérea de padrão mundial. Especificamente, sonhava em abrir a primeira universidade corporativa da Alemanha, a Escola de Administração Lufthansa, que iria muito mais longe do que a abordagem tradicional de treinamento e desenvolvimento. A universidade estreitaria os laços entre estratégia e desenvolvimento organizacional e individual. Seu currículo, incluindo programas de mestrado e cursos de extensão em gestão, seria projetado, dirigido e avaliado por acadêmicos e líderes de empresas globais, para que os gestores da Lufthansa aprendessem com os melhores.

Ao perseguir esse sonho, Sattelberger escolheu uma estratégia de ataque metódica, inteligente e paciente. Em primeiro lugar, criou um modelo imaginário, em que descrevia sua universidade como um tipo de templo de desenvolvimento de lideranças. O conceito de arquitetura – o templo sendo construído tijolo por tijolo e coluna por coluna – ajudou-o a elaborar um plano de implantação de longo prazo. Organizar os processos básicos de RH, argumentava, era análogo a construir a fundação. Quando isso fosse feito, ele montaria uma série de programas de desenvolvimento, cada um agindo como uma pilastra que sustentaria o "telhado" da estratégia empresarial geral da Lufthansa. Ver seu plano como modelo permitiu-lhe separar o que era "imperativo" do que era "interessante ter" e do que "dava para viver sem" e se concentrar apenas nos elementos mais vitais e factíveis.

Sattelberger entendeu que precisava ser flexível e que a construção de seu templo demandaria anos de trabalho metódico. Ele nunca falou sobre sua visão como um todo porque o custo geral teria amedrontado a maioria dos envolvidos. Em vez disso, assegurou o compromisso deles em programas e projetos individuais e executou as iniciativas em sequência.

O passo dois foi estabelecer a fundação que havia imaginado. Durante dois anos, Sattelberger reorganizou os processos de RH para que os pedidos fossem atendidos no tempo oportuno e para que as operações fossem feitas de forma mais eficiente. Dado o estado deplorável dos sistemas de RH da Lufthansa, ninguém previa que Sattelberger pudesse de alguma forma atender, e muito menos exceder, as expectativas. Ele mostrou que estavam errados.

Capitalizando sua nova credibilidade, ele passou para o terceiro passo: construir as pilastras individuais. Um dos projetos, o Explorer 21, era uma iniciativa ampla de desenvolvimento na qual os gestores aprenderiam uns com os outros. Outro programa, o ProTeam, foi elaborado para trainees de administração. E outro programa de larga escala tinha como objetivo emular as melhores práticas de empresas como General Electric, Citibank, Deutsche Bank, Daimler-Benz e SAS.

O limite de gastos foi uma barreira significativa. Sattelberger havia persuadido gestores do primeiro escalão a permitirem o aluguel de algumas salas de treinamento para outras empresas, a fim de arrecadar fundos para esses projetos, mas ele precisava de mais. Compreendia que havia um limite relativo a quanto e quão rápido podia pressionar: se pressionasse demais, sofreria com as repercussões negativas. Por isso, ao requisitar recursos, Sattelberger se assegurava de estar mais bem preparado com fatos e argumentos do que seus interlocutores. Quando não recebeu sinal verde da controladoria da empresa, levou seu caso diretamente a Jürgen Weber, o CEO. Weber concordou em princípio que o projeto de universidade valia a pena, apesar de a conversa não ter sido fácil. "Pelo amor de Deus, faça", acabou dizendo a Sattelberger. "Mas faça direito e se atenha ao orçamento."

Aos poucos Weber e o conselho perceberam como os programas de desenvolvimento de Sattelberger se encaixavam. Então, em março de 1998 – quando a empresa descobriu que a Daimler-Benz estava prestes a ser a primeira a abrir uma universidade corporativa – Sattelberger deu a cartada final. Determinado a não deixar que a Daimler prevalecesse, escreveu um memorando ao conselho pedindo a criação da Escola de Administração. O conselho aprovou sem hesitar, e a Lufthansa abriu a primeira universidade corporativa da Europa no mês seguinte.

O processo todo levou tempo, algo que gestores resolutos, como mostramos antes, reivindicam para si. Sattelberger lidou com muitos contratempos, aceitou adiamentos significativos e até cancelamentos. Ele retardou os planos referentes à universidade corporativa durante os dois primeiros anos para poder se concentrar apenas em colocar o RH em ordem. Depois, devagar e progressivamente, trabalhou para relaxar os limites relativos a recursos. Apesar de ter iniciado com muito menos do que esperava, ele jamais permitiu que sua vontade vacilasse. A Lufthansa nunca mediu exatamente quanto recuperou dos investimentos feitos na escola de administração, mas a opinião subjetiva do primeiro escalão é de que o retorno foi muito maior do que o investimento.

## Explorar alternativas

Quando se trata de tomar decisões ou de implementar iniciativas, os gestores também acabam vítimas da armadilha dos caminhos inexplorados. Para ser mais específico, ou não reconhecem que têm escolhas ou não tiram proveito das que sabem que têm. Por ignorar sua liberdade de ação, renunciam às opções. As pessoas objetivas, por outro lado, aprimoram suas competências pessoais, o que lhes confere confiança, ampla perspectiva de uma área em particular e maior credibilidade. Esses gestores desenvolvem a capacidade de ver, compreender e lutar pelas oportunidades quando surgem.

Dan Andersson era gerente de nível médio e trabalhava para a refinaria de petróleo ConocoPhillips, na Suécia, em Estocolmo. Nascido na Finlândia, trouxe para a Conoco uma commodity administrativa preciosa: profundo conhecimento do mercado finlandês. Esse conhecimento permitiu que transmitisse informações sobre condições regionais específicas para os gerentes seniores que não falavam a língua ou que não entendiam o cenário empresarial da Finlândia. Como havia sido treinado pelo diretor administrativo das operações nórdicas da Conoco, Andersson rapidamente compreendeu que os itens administrativos invisíveis - regras e normas informais, processos de tomada de decisão, relações interpessoais e dinâmicas sociais - influenciavam a recepção a novas ideias. Intuitivamente, percebeu qual seria a maneira correta de apresentar uma proposta e até onde poderia fazer pressão em um determinado momento.

Andersson foi designado para fazer parte de uma equipe encarregada de explorar a possível entrada da Conoco no mercado finlandês, o que implicava quebrar um monopólio de 50 anos na região. A primeira tarefa era montar áreas de armazenamento na Finlândia, um projeto de um milhão de dólares que possibilitaria à Conoco importar o próprio petróleo. Depois de vários meses de procura intensa, a equipe por fim encontrou um terminal de tanques já existente, localizado na cidade de Turku, abandonado havia décadas pela Shell. Construídos nos anos 1920, os velhos tanques pareciam limpos e utilizáveis. A equipe da Conoco achou que a solução havia sido encontrada. No entanto, Andersson já trabalhava em planos de contingência. O plano B era construir uma nova instalação, o plano C era criar uma joint-venture com um concorrente, e o plano D era encontrar um investidor para os tanques.

Depois de meses de negociação, funcionários do governo de Turku aprovaram o arrendamento dos velhos tanques pela Conoco. Daí veio o fatídico telefonema do laboratório da empresa: havia excesso de carbono no aço; os tanques eram impróprios para o petróleo. Sem a própria área de armazenamento, a Conoco não poderia entrar no mercado finlandês. Não havia outra instalação disponível. A única opção parecia ser abandonar o projeto. Todos na equipe desistiram, exceto Andersson, que propôs colocar o plano B em ação.

Com o apoio das autoridades regionais, ele convenceu a equipe sênior da empresa a visitar a Finlândia a fim de iniciar discussões sobre a possibilidade de a Conoco construir os próprios tanques no local. Quando o chefe de Andersson viu o terreno e percebeu a oportunidade, ficou entusiasmado com a possibilidade de começar do zero. No entanto, o terreno estava contaminado, e a limpeza custaria dezenas de milhões de euros. Andersson persistiu. Com a ajuda de funcionários municipais descobriu que os contratos originais determinavam com clareza que a Shell era responsável pela limpeza do terreno. Assim que a limpeza foi concluída, a empresa começou a construção de novos tanques. Quando o primeiro navio da Conoco chegou ao porto, três anos depois do início do projeto, representantes municipais, centenas de espectadores, equipes de televisão da Finlândia e o primeiro escalão da Conoco estavam presentes para celebrar. Atualmente, a Conoco é a operadora mais eficiente de postos de autoabastecimento da Finlândia.

Como administrador, o comprometimento de Andersson não estava atado somente a um trabalho, mas à realização dos objetivos estratégicos da sua empresa de um jeito ou de outro. Ao esquadrinhar o ambiente em busca de possíveis obstáculos e procurar meios de superá-los, ele foi capaz de expandir o escopo de oportunidades para a empresa e para si. Anderson então se transformou em responsável pelo desenvolvimento de varejo da ConocoPhillips na Europa.

---

O viés para a ação não é um dom especial. A maioria dos gestores pode desenvolver essa habilidade. A história de Spungin mostra como a concentração em um objetivo claro, de longo prazo, ampliou seu horizonte. Sattelberger e Andersson combateram limitações com projetos próprios e mostraram à empresa o que era possível fazer.

Em nossos estudos sobre gestores, descobrimos que a diferença entre aqueles que tomam a iniciativa e aqueles que não tomam se torna mais evidente durante épocas de grandes mudanças, quando o trabalho administrativo fica relativamente caótico e desestruturado. Os gestores que se preocupam em se conformar às expectativas, explícitas ou imaginadas, reagem à falta de estrutura com desorientação ou paralisia. Gestores eficientes, por outro lado, agarram a oportunidade de ampliar o escopo de seu trabalho, expandir suas opções e perseguir objetivos ambiciosos.

Quando os gestores têm poder de comandar a própria programação e percebem a liberdade de escolha que têm, passam a saborear seu papel.

Começam a procurar por situações que vão além de seu escopo e agarram as oportunidades quando elas surgem. Acima de tudo, gestores eficientes, propensos a agir, não são administrados por seu trabalho; pelo contrário, o inverso é que é verdadeiro.

**Publicado originalmente em março de 2004.**

8

# Momentos de grandeza

## Como entrar no estado fundamental da liderança

*Robert E. Quinn*

ENQUANTO LÍDERES, ALGUMAS VEZES estamos realmente "ligados", outras não. Por que será? O que separa os episódios de excelência daqueles de mera competência? Ao nos esforçarmos para pender a balança para a excelência, tentamos identificar o comportamento e as qualidades de grandes líderes para que possamos desenvolvê-los em nós mesmos. Praticamente todos os programas de treinamento corporativo e os livros sobre liderança baseiam-se no pressuposto de que devemos estudar as características daqueles que foram bem-sucedidos e ensinar as pessoas a imitá-los.

Mas meus colegas e eu descobrimos que quando os líderes produzem seu melhor trabalho, eles não copiam ninguém. Ao contrário, tiram partido das próprias habilidades e valores fundamentais – operando em um estado de espírito que é verdadeiro para eles, mas que, paradoxalmente, não corresponde ao seu modo de agir habitual. Chamo isso de *estado fundamental da liderança*. É como lideramos diante de uma crise e enfim descobrimos como seguir em frente. Relembre uma ocasião quando enfrentou um desafio de vida significativo: uma oportunidade de promoção, o risco de fracasso profissional, uma doença séria, um divórcio, a morte de um ente querido, ou qualquer outro grande evento. Muito provavelmente, se você tomou a decisão de não se adequar às expectativas dos outros mas de buscar aquilo que, de modo instintivo, sabia ser o correto – em outras palavras, se estava dando o melhor de si –, então esteve à altura da tarefa porque estava sendo testado.

É possível entrar no estado fundamental da liderança sem uma crise? Em meu trabalho de aconselhamento a executivos, descobri que se fizermos a nós mesmos apenas quatro perguntas – e respondermos com sinceridade –, poderemos promover a mudança a qualquer hora. Trata-se de um estado temporário. A fadiga e a resistência externa nos afastam disso. Mas sempre que alcançamos esse estado, voltamos ao nosso *eu* cotidiano um pouco mais capazes, e em geral também melhoramos o desempenho das pessoas ao redor. Com o passar do tempo, podemos nos tornar líderes mais eficientes ao escolher entrar, de modo deliberado, no estado fundamental da liderança, em vez de esperar que uma crise nos obrigue a chegar lá.

## Definir o estado fundamental

Mesmo aqueles que são admirados pela capacidade de liderança aparentemente fácil e natural – presidentes, primeiros-ministros, CEOs – não permanecem o tempo todo no estado fundamental. Na maioria das vezes, eles estão em seu estado normal – uma condição saudável e até mesmo necessária em várias circunstâncias, mas que não ajuda a lidar com crises. No estado normal, existe a tendência a permanecer na zona de conforto e a permitir que forças externas direcionem seu comportamento e suas decisões. Perde-se a influência moral e com frequência busca-se apoio em argumentos racionais e no exercício da autoridade para promover mudanças. Os outros cumprem o que os líderes pedem, por medo, mas em geral o resultado não é criativo, apenas marginal – reproduzindo em grande parte o que já existe.

Para que os outros atinjam um nível de desempenho mais elevado, precisamos nós mesmos atingir o estado fundamental da liderança. Chegar lá requer uma mudança em quatro dimensões (veja o quadro Há o normal e há o fundamental, na página 145).

## Em resumo

Como todos os líderes, algumas vezes estamos "ligados", outras não. Como inclinar o pêndulo para a excelência e para longe da mera competência? Não se limite a imitar outros líderes ou a esquadrinhar manuais de liderança. Em vez disso, entre no **estado fundamental da liderança:** o modo como lideramos quando uma crise nos força a explorar os valores e os instintos mais profundos. Nesse estado, naturalmente sabemos o que fazer: enfrentamos a situação e oferecemos o melhor desempenho possível.

Por sorte, não é preciso uma crise para nos fazer entrar no estado fundamental da liderança. É possível fazer isso a qualquer momento (antes de uma conversa crucial, de uma reunião importante), ao fazermos a nós mesmos quatro perguntas:

- **"Estou centrado nos resultados?"**
  Você definiu os resultados que deseja alcançar?
- **"Estou direcionado internamente?"**
  Você está disposto a desafiar as expectativas dos outros?
- **"Estou focado nos outros?"**
  Está colocando as necessidades da organização acima das suas?
- **"Estou aberto para o que vem de fora?"**
  Reconhece sinais que sugerem a necessidade de mudança?

Ninguém consegue funcionar 24 horas por dia, sete dias por semana, no auge da forma. Mas cada vez que entramos no estado fundamental da liderança, fica mais fácil voltar a ele. E inspiramos outros ao nosso redor a atingir níveis mais altos de desempenho.

Primeiro, passamos do estágio centrado no conforto para o estado centrado nos resultados. A zona de conforto parece segura, mas leva a um sentimento de despropósito. No livro *The Path of Least Resistance* (O caminho mais fácil), Robert Fritz explica cuidadosamente como uma única

## Na prática

A fim de entrar no estado fundamental da liderança, observe os seguintes passos:

1. **Reconheça que já esteve lá.**
   Você enfrentou grandes desafios antes e, para superá-los, entrou no estado fundamental. Ao recordar as lições desses momentos, liberam-se emoções positivas e enxergam-se novas possibilidades para a situação atual.

2. **Analise seu estado atual.**
   Compare seu desempenho normal com seu melhor momento. Você vai alimentar um desejo de elevar o padrão do que está fazendo agora e aumentar a confiança de que pode entrar novamente no estado fundamental.

3. **Faça as quatro perguntas apresentadas na tabela a seguir.**

| AO PERGUNTAR... | VOCÊ MUDA DO ESTADO DE... | PARA O ESTADO DE... |
|---|---|---|
| Estou centrado nos resultados? | Permanecer na zona de conforto e resolver problemas comuns | Ir em direção a possibilidades que ainda não existem |
| Estou direcionado internamente? | Seguir as expectativas dos outros e se conformar com situações existentes | Fortalecer seus valores íntimos, agindo com autenticidade e confiança, e iniciar, de forma voluntária, conflitos produtivos |
| Estou focado nos outros? | Permitir que a busca por seus próprios interesses modele seus relacionamentos | Comprometer-se com o bem coletivo de sua organização – mesmo que isso acarrete custo pessoal |
| Estou aberto para o que vem de fora? | Controlar seu ambiente ao fazer mudanças graduais e apostar em rotinas preestabelecidas | Aprender com o ambiente, reconhecendo a necessidade de grandes mudanças e deixando a rotina para trás |

*Exemplo:* John Jones, bem-sucedido implementador de mudanças, tinha reerguido duas divisões de sua empresa. Prometeram-lhe a presidência da maior divisão quando o titular se aposentasse, e lhe disseram que, até lá, passaria seu tempo supervisionando o "funeral" de uma divisão moribunda. Ele ficou determinado a promover uma reviravolta. Depois de nove meses, no entanto, viu pouca melhora. Os funcionários não estavam comprometidos.

A fim de entrar no estado fundamental, John perguntou:

- **"Estou orientado para resultados?"** De repente, ele idealizou uma nova estratégia para a divisão com problemas, junto com um plano (um remanejamento na equipe) para implementá-la. Com uma estratégia clara e convincente na cabeça, a energia dele disparou.
- **"Estou direcionado internamente?"** Ele percebeu que o foco no emprego dos sonhos havia impedido que ele fizesse o trabalho árduo, necessário para que as pessoas da divisão dessem mais de si.
- **"Estou focado nos outros?"** Ele decidiu abdicar da presidência e resgatar a divisão moribunda – um caminho mais verdadeiro em relação a seus valores de liderança. Desse modo, trocou a segurança pessoal por um bem maior.
- **"Estou aberto para o que vem de fora?"** Ele parou de se enganar pensando que havia feito tudo o que podia pela divisão moribunda e percebeu que tinha a capacidade de melhorar as coisas.

pergunta pode nos conduzir do estado normal, reativo, para uma condição generativa, criativa. A pergunta é: que resultado quero obter? Responder a essa pergunta honestamente nos tira do caminho natural, mais fácil. Leva-nos do estado em que resolvemos problemas àquele em que encontramos propósito.

Em segundo lugar, deixamos de estar direcionados externamente para estar direcionados internamente. Isso significa que paramos apenas de

### Há o normal e há o fundamental

*Em circunstâncias cotidianas, os líderes podem permanecer em seu estado normal para fazer o que é preciso. Mas alguns desafios exigem uma perspectiva intensificada – o que pode ser chamado de estado fundamental da liderança. Veja como os dois estados diferem.*

| No estado normal, eu sou... | No estado fundamental, eu sou... |
|---|---|
| CENTRADO NO CONFORTO<br>Fico com o que conheço. | CENTRADO NOS RESULTADOS<br>Aventuro-me além do território conhecido a fim de perseguir novos resultados ambiciosos. |
| DIRECIONADO EXTERNAMENTE<br>Cumpro os desejos dos outros em uma tentativa de manter a paz. | DIRECIONADO INTERNAMENTE<br>Comporto-me de acordo com meus valores. |
| AUTOCENTRADO<br>Coloco meus interesses acima dos interesses do grupo. | FOCADO NOS OUTROS<br>Coloco o bem coletivo em primeiro lugar. |
| FECHADO INTERNAMENTE<br>Bloqueio estímulos externos a fim de permanecer na tarefa e evitar riscos. | ABERTO PARA O QUE VEM DE FORA<br>Aprendo com o ambiente e reconheço quando há necessidade de mudanças. |

preencher as expectativas dos outros e de nos conformar com a cultura consagrada. Tornar-se direcionado internamente é fortalecer valores internos e ampliar integridade, confiança e autenticidade. Quando nos tornamos mais confiantes e mais autênticos, nos comportamos de outra forma. Os outros precisam compreender nosso novo comportamento. Alguns serão atraídos por ele, outros ficarão ofendidos. No entanto, isso não é um fator impeditivo: quando somos fiéis aos nossos valores, estamos dispostos a dar início a conflitos como esse.

Em terceiro, nos tornamos menos autocentrados e mais focados nos outros. Colocamos as necessidades da organização acima das nossas. Poucos de nós admitem que as necessidades pessoais atrapalham o bem coletivo, mas o impulso de controlar relacionamentos de modo a alimentar nossos interesses é natural e esperado. Com o tempo, porém, isso leva a sentimentos de isolamento. Quando colocamos o bem coletivo à frente, outros nos premiam com sua confiança e respeito. Formamos laços mais estreitos, mais sensíveis. A empatia cresce e a coesão vem junto. Criamos um sentimento mais rico de comunidade e isso nos ajuda a transcender os conflitos, necessários em organizações de alto desempenho.

Em quarto, ficamos mais abertos aos sinais ou estímulos exteriores, incluindo os que nos levam a fazer coisas com as quais não nos sentimos confortáveis. No estado normal, prestamos atenção a sinais que têm importância reconhecida. Se eles sugerem ajustes graduais, reagimos. Se, no entanto, pedem mudanças mais dramáticas, podemos adotar uma postura de defesa e negação; esse modo de autoproteção e autoengano nos separa do mundo exterior, que está em constante mudança. Vivemos de acordo com uma imagem ultrapassada, menos válida, do que é real. Mas no estado fundamental da liderança, ficamos mais cientes do que está se desenrolando e geramos novas imagens o tempo todo. Nós nos adaptamos, somos confiáveis e únicos. Nesse estado externamente aberto, duas pessoas não são iguais.

Essas quatro qualidades – estar centrado nos resultados, direcionado internamente, focado nos outros e aberto para o que vem de fora – encontram-se no âmago da influência humana positiva, que é produtiva e atraente. Uma pessoa sem essas quatro características também pode ter muita influência, mas ela costuma estar fundamentada em alguma forma de controle ou força, e em geral não resulta em seguidores comprometidos. Ao entrar no estado fundamental da liderança, aumentamos a chance de atrair os outros para um nível elevado de comunidade, um estado de alto desempenho que pode continuar mesmo quando não estamos presentes.

## Preparação para o estado fundamental

Como as pessoas não costumam deixar a zona de conforto a menos que obrigadas, em geral consideram útil seguir um processo quando escolhem entrar no estado fundamental da liderança. Ensino uma técnica para executivos e a uso eu mesmo. Ela envolve apenas quatro perguntas projetadas para nos ajudar a transcender os mecanismos naturais de negação. Quando as pessoas se tornam conscientes da própria hipocrisia, têm mais probabilidade de mudar. Aqueles que são novatos no conceito do "estado fundamental", no entanto, precisam dar dois passos preliminares antes para compreender e empregá-lo.

## Você já esteve lá

*Dois participantes de um workshop sobre liderança na Ross School of Business, da Universidade de Michigan, usaram essa ferramenta de autoavaliação para descobrir como transcenderam os maiores desafios da vida ao entrar no estado fundamental da liderança. É possível usar a mesma abordagem para analisar como você suplantou os próprios desafios mais significativos.*

| | PARTICIPANTE A | PARTICIPANTE B |
|---|---|---|
| A crise decisiva | Fui obrigado a assumir uma tarefa crucial para a organização, mas que excedia em muito minhas habilidades. Precisei convencer pessoas a fazerem coisas que elas não queriam. | Estava trabalhando muito, e as coisas ficaram feias em casa. Por fim minha esposa pediu o divórcio. |
| Como você se concentrou mais nos resultados? | Fiquei tentando escapar do que era exigido, mas não consegui suportar a culpa. Finalmente decidi que precisava mudar. Imaginei como seria ser bem-sucedido e me comprometi a fazer todas as mudanças necessárias. | Sentia como se tivesse perdido tudo: família, dinheiro e status. Afastei-me dos relacionamentos. Passei a beber muito. Finalmente procurei ajuda profissional para meu sofrimento e, com aconselhamento, tomei consciência de quais eram meus valores e fiz escolhas para o futuro. |
| Como você se tornou mais direcionado internamente? | Parei de me preocupar tanto com a forma como as outras pessoas me avaliariam e me julgariam. Estava começando a trabalhar de acordo com meus próprios valores. Eu me senti com mais poder do que nunca e percebi como estava subjugado pelo medo. | Passei a fazer muitas autorreflexões e a escrever um diário. Tornou-se claro que o casamento, o dinheiro ou a condição social não me definiam. Eu era mais do que essas coisas. Comecei a me concentrar em como poderia fazer diferença. E me envolvi mais em minha comunidade. |
| Como você se tornou mais concentrado nos outros? | Percebi como precisava das pessoas e fiquei mais preocupado com elas. Tornei-me mais capaz de ouvir o que diziam. Falava não apenas com a cabeça, mas também com o coração. Meus colegas corresponderam. Até hoje, continuo ligado a essas pessoas. | Comecei a crescer e me sentir mais autoconfiante. Tornei-me melhor nos relacionamentos. No trabalho, agora peço mais das pessoas do que antes, mas também dou muito mais apoio. Preocupo-me com elas, e elas sabem disso. |
| Como você se tornou mais aberto para o que vem de fora? | Fiz experiências com novas abordagens. Com frequência elas não funcionavam, mas mantinham o turbilhão de ideias em ação. Prestei atenção em todos os tipos de feedback. Estava com vontade de acertar. Houve muitas descobertas. Cada passo à frente era estimulante. | Comecei a me sentir mais forte. Ficava menos intimidado quando as pessoas me davam um feedback negativo. Acho que foi porque estava com menos medo de mudar e de crescer. |

### Passo 1: Reconhecer que já entrou antes no estado fundamental da liderança

Todo leitor desta publicação já alcançou o estado fundamental da liderança em algum momento. Já enfrentamos um grande desafio pessoal ou profissional e passamos um tempo na escuridão. Ao atravessar esses episódios com sucesso, inevitavelmente entramos no estado fundamental da liderança.

Quando introduzo esse conceito, peço às pessoas que identifiquem duas experiências difíceis do passado e ponderem o que aconteceu em termos de intenção, integridade, confiança e adaptabilidade. No começo, elas resistem ao exercício porque estou pedindo que revisitem épocas de grande dor pessoal. Mas, ao recontar as experiências, veem que também estão retornando a momentos de grandeza. Com frequência nossas experiências dolorosas trazem à tona o melhor de nós. Relembrar as lições de momentos como esses libera emoções positivas e torna mais fácil ver o que é possível fazer no momento atual. Neste exercício, peço que analisem o próprio comportamento durante esses episódios em relação às características do estado fundamental da liderança (veja quadro na página anterior, com análise de dois casos reais).

Às vezes também peço aos participantes de workshops que compartilhem suas histórias uns com os outros. Naturalmente, eles relutam em falar sobre momentos tão sombrios. Para ajudá-los a se abrir, compartilho meus próprios momentos de grande desafio, aqueles que eu em geral guardaria para mim. Ao exibir vulnerabilidades, consigo ganhar a confiança do grupo e estimular outras pessoas a ter a mesma coragem. Recentemente administrei um workshop com um grupo resistente de executivos. Depois de quebrar o gelo com os depoimentos, um dos participantes nos contou de uma época em que aceitara um novo trabalho que exigia a realocação da sua família. Um pouco antes da data em que deveria começar, seu novo chefe o chamou, em pânico, pedindo que ele encurtasse as férias. Toda a equipe de engenharia da região da Nova Inglaterra, no nordeste dos Estados Unidos, havia pedido demissão; os clientes não tinham qualquer tipo de apoio. O executivo começou a trabalhar antes da data prevista, e a família teve que se virar para fazer a mudança sem ele. Ele descreveu os meses seguintes como "a pior e a melhor experiência" de sua vida.

## Você está no estado fundamental da liderança?

*Pense em uma época na qual você chegou ao estado fundamental da liderança - isto é, quando esteve em seu melhor momento como líder - e use este checklist para identificar as qualidades que demonstrou então. Depois verifique os itens que descrevem seu comportamento atual. Compare o passado com o presente. Se houver uma diferença significativa, que mudanças é preciso fazer para voltar ao estado fundamental?*

| No meu melhor momento eu... | Hoje eu... | |
|---|---|---|
| | | **CENTRADO EM RESULTADOS** |
| ____ | ____ | Sabia/sei o resultado que quero alcançar |
| ____ | ____ | Tinha/tenho altos padrões |
| ____ | ____ | Dava/dou início a ações |
| ____ | ____ | Desafiava/desafio as pessoas |
| ____ | ____ | Rompia/rompo o status quo |
| ____ | ____ | Chamava/chamo a atenção das pessoas |
| ____ | ____ | Tinha/tenho um senso de propósito compartilhado |
| ____ | ____ | Mantinha/mantenho conversas urgentes |
| | | **DIRECIONADO INTERNAMENTE** |
| ____ | ____ | Trabalhava/trabalho de acordo com meus valores íntimos |
| ____ | ____ | Encontrava/encontro motivação em mim mesmo |
| ____ | ____ | Me sentia/sinto com poder |
| ____ | ____ | Liderava/lidero com coragem |
| ____ | ____ | Trazia/trago conflitos ocultos à tona |
| ____ | ____ | Expressava/expresso aquilo no que realmente acredito |
| ____ | ____ | Tinha/tenho um sentimento de realidade compartilhada |
| ____ | ____ | Mantinha/mantenho conversas verdadeiras |
| | | **FOCADO NOS OUTROS** |
| ____ | ____ | Sacrificava/sacrifico interesses pessoais pelo bem comum |
| ____ | ____ | Via/vejo potencial em todos |
| ____ | ____ | Confiava/confio nos outros e fomentava/fomento a interdependência |
| ____ | ____ | Tinha/tenho empatia pelas necessidades das pessoas |
| ____ | ____ | Expressava/expresso preocupação |
| ____ | ____ | Dava/dou apoio às pessoas |
| ____ | ____ | Tinha/tenho um sentimento de identidade compartilhada |
| ____ | ____ | Mantinha/mantenho conversas participativas |
| | | **ABERTO PARA O QUE VEM DE FORA** |
| ____ | ____ | Avançava/avanço em direção ao incerto |
| ____ | ____ | Pedia/peço feedback |
| ____ | ____ | Prestava/presto profunda atenção no que está ocorrendo |
| ____ | ____ | Aprendia/aprendo de forma exponencial |
| ____ | ____ | Estava/estou atento a novas oportunidades |
| ____ | ____ | Crescia/cresço de modo contínuo |
| ____ | ____ | Tinha/tenho um sentimento de contribuição compartilhada |
| ____ | ____ | Mantinha/mantenho conversas criativas |

Outro executivo compartilhou que tinha sido diagnosticado com câncer na mesma semana em que foi promovido e realocado para Paris, sem saber falar francês. A voz dele falhou enquanto recontava a história desses momentos estressantes. Mas então nos falou sobre o que veio de bom deles – como venceu a doença e se fortaleceu no emprego, ao mesmo tempo que se tornou um líder mais autêntico e influente.

Outros também contaram histórias, e vi que uma grande mudança havia ocorrido no grupo. A resistência e o cinismo inicial começaram a desaparecer, e os participantes passaram a explorar o estado fundamental da liderança de modo sério. Eles perceberam o poder do conceito e reconheceram que a única coisa que aconteceria caso se escondessem atrás de seu orgulho ou da reputação seria atravancar o caminho de um progresso futuro. Ao recontar suas experiências, perceberam que haviam se tornado mais orientados, autênticos, solidários e atentos.

### Passo 2: Analise seu estado atual

Quando estamos no estado fundamental, adotamos diversas características positivas, como clareza de visão, autonomia, empatia e pensamento criativo (veja quadro na página anterior, com um checklist organizado nas quatro dimensões). A maioria de nós gostaria de dizer que apresenta essas caraterísticas o tempo todo, mas na verdade isso só acontece esporadicamente.

Comparar nosso desempenho normal com o que fizemos quando estávamos no nosso melhor momento com frequência cria um desejo de aprimorar o que fazemos agora. Saber que no passado operamos em um nível mais alto produz a confiança de que somos capazes de fazer o mesmo agora; afasta o medo de pisar em território desconhecido e arriscado.

## Quatro perguntas transformadoras

É claro que compreender o estado fundamental da liderança e reconhecer seu poder não é o mesmo que estar nele. É quando entramos nesse estado que começa o trabalho de verdade. Façamos a nós mesmos quatro perguntas que correspondem às quatro qualidades do estado fundamental.

Para mostrar como cada uma dessas qualidades afeta nosso comportamento enquanto estamos no estado fundamental da liderança, vou me basear nas histórias de dois executivos. Um é presidente de uma empresa; vamos chamá-lo de John Jones. O outro, Robert Yamamoto, é diretor executivo da Câmara de Comércio Júnior de Los Angeles. Os dois já enfrentaram grandes desafios que mudaram o modo como viam o trabalho e a vida.

Conheci John em um curso para executivos que eu ministrava. Ele era um bem-sucedido implementador de mudanças que havia liderado uma reviravolta em duas divisões do grupo para o qual trabalhava. No entanto, estava frustrado. Haviam lhe prometido que se tornaria presidente da maior divisão da corporação assim que o titular se aposentasse, num futuro próximo. Enquanto isso não ocorria, disseram-lhe para passar o tempo em uma divisão que todos consideravam morta. Sua tarefa era simplesmente acompanhar o funeral, mas ele tomou como desafio pessoal fazer com que desse a volta por cima. Depois de nove meses ali, no entanto, houve pouco progresso, e as pessoas não estavam muito comprometidas.

Quanto a Robert, vinha obtendo aquilo que considerava como resultados aceitáveis (embora nada excepcionais) em sua empresa. Portanto, quando o novo presidente do conselho lhe pediu que apresentasse uma carta de demissão, Robert ficou atordoado. Passou por um período de introspecção angustiada e começou a desconfiar dos outros e a questionar as próprias habilidades de administração e de liderança. Preocupado com sua família e seu futuro, começou a procurar um novo emprego e escreveu a carta solicitada.

Como veremos, no entanto, ainda que as coisas parecessem sombrias tanto para Robert quanto para John, eles estavam no limiar de uma mudança positiva.

### Estou focado nos resultados?

Na maioria do tempo, estamos preocupados com o conforto. Tentamos continuar a fazer aquilo que sabemos. Podemos até pensar que estamos perseguindo novos resultados, mas se para alcançá-los for preciso deixar nossa zona de conforto, encontramos meios de evitar isso de forma sutil – até mesmo inconsciente. De modo geral, defendemos resultados ambiciosos, ao mesmo tempo que projetamos nosso trabalho para ter a maior conveniência administrativa possível, o que nos permite evitar conflitos, mas, com frequência, limita-se a reproduzir o que já existe. Muitas vezes, contamos com a cumplicidade dos outros para manter a ilusão. Focar no conforto é hipócrita, é uma espécie de autoengano, mas é natural.

A fim de saber o que queremos, é preciso reorganizar nossa vida. Em vez de nos afastar de um problema, vamos em direção a uma possibilidade que ainda não existe. Tornamo-nos mais proativos, deliberados, otimistas, dedicados e persistentes. Também tendemos a ter mais energia, e nos tornamos energizantes para os outros.

Veja o que aconteceu com John. Quando conversei com ele pela primeira vez, ele não demonstrou entusiasmo ao esboçar sua estratégia. Diante dessa falta de paixão, fiz uma pergunta para testar seu comprometimento com o resultado que ele dizia querer alcançar:

> E se contasse a verdade para seus funcionários? Imagine que você diz a eles que de fato ninguém espera seu sucesso, que você foi designado a ser o zelador por 18 meses, e que você teria o emprego dos seus sonhos quando essa tarefa terminasse. Depois diga que, em vez disso, você desistiu do emprego dos sonhos e está apostando sua carreira nas pessoas que o cercam. Daí, com essa nova postura de otimismo que acabou de adotar em relação às perspectivas da empresa, você distribui desafios que vão além da capacidade normal dos funcionários.

Para minha surpresa, John disse que começou a pensar do mesmo jeito. Pegou um guardanapo e rapidamente fez o esboço de uma nova estratégia, junto com um plano para executá-la que incluía a redistribuição de tarefas para a equipe. O plano era claro e convincente, e de repente ele ficou cheio de energia.

O que aconteceu? John era o presidente e, portanto, tinha autoridade. E ele dera uma reviravolta em duas outras divisões – prova de que tinha o conhecimento e as competências de um líder de transformação. No entanto ele estava *fracassando* nessa capacidade. Isso aconteceu porque ele escorregou para sua zona de conforto. Fazia o esperado, o que tinha dado certo em outros lugares. Imitava um grande líder – neste caso, o próprio John. Mas imitação não é o modo de entrar no estado fundamental da liderança. Se eu tivesse acusado John de não estar comprometido com uma visão autêntica, ele teria ficado indignado. Teria argumentado com veemência, negando a verdade. Tudo que precisei fazer, no entanto, foi cutucá-lo para ir na direção certa. Assim que vislumbrou o que queria criar e se comprometeu, uma nova estratégia surgiu e ele recobrou a energia.

E também temos Robert, que se dirigiu para aquela que pensava ser sua última reunião do conselho e descobriu que tinha mais apoio do que imaginara. De forma surpreendente, no fim da reunião, ele manteve seu emprego. Porém, essa feliz reviravolta fez com que examinasse sua consciência. Robert passou a prestar mais atenção no que fazia; começou a ver sua tendência para ser tático e a gravitar em torno de tarefas de rotina. Concluiu que estava administrando, não liderando. Cumpria um papel e entregava a liderança para o presidente do conselho, não porque essa pessoa tivesse conhecimento e visão, mas porque a posição vinha com o direito legítimo de liderar. "De repente decidi realmente liderar minha organização", disse Robert. "Foi como se uma nova pessoa tivesse surgido. A decisão não era sobre mim. Precisava fazer isso pelo bem da organização."

Ao decidir "realmente liderar", Robert começou a identificar os resultados estratégicos que queria criar. Ao fazê-lo, descobriu que estava deixando sua zona de conforto – comportando-se de um jeito diferente e gerando novos resultados.

### Estou direcionado internamente?

No estado normal, cedemos às pressões sociais a fim de evitar conflitos e manter os vínculos com os colegas. No entanto, acabamos nos sentindo *menos* ligados, porque evitar conflitos resulta em compromisso político. Começamos a perder a originalidade e o senso de integridade. De modo gradual, nossos objetivos deixam de ser a criação de um resultado externo em nome da preservação da paz política. Quando esse problema se intensifica, perdemos a esperança e a energia.

Essa perda estava bastante aparente no caso de John. Ele era a estrela da corporação. Mas por estar pelo menos parcialmente concentrado no prêmio futuro – o emprego dos sonhos –, ele não se concentrava totalmente no trabalho duro, necessário naquele momento. Portanto, não exigia o suficiente das pessoas que liderava. Para tirar mais delas, John precisava estar mais direcionado internamente.

### Estou focado nos outros?

É difícil admitir, mas a maioria de nós, na maior parte do tempo, coloca as próprias necessidades acima das necessidades coletivas. Aliás, isso é saudável; trata-se de um mecanismo de sobrevivência. Mas quando a busca por nossos interesses controla os relacionamentos, corroemos a confiança que depositam em nós. Embora atendam nossos desejos, deixam de obter energia do relacionamento que têm conosco. Com o tempo, perdemos o apoio social que procuramos.

Tornar-se mais concentrado nos outros é se comprometer com o bem coletivo nos relacionamentos, nos grupos ou nas organizações, mesmo a um custo pessoal. Quando John fez a mudança para o estado fundamental da liderança, ele se comprometeu com um futuro incerto. Prometeram-lhe um emprego cobiçado. Tudo que ele precisava era esperar alguns meses. Entretanto, ele estava infeliz e por isso escolheu rejeitar a oportunidade em favor de um caminho que era mais verdadeiro em relação a seus valores de liderança. Quando mudou de marcha, ele sacrificou sua segurança pessoal em favor do bem maior.

Lembre-se das palavras de Robert: "A decisão não era sobre mim. Precisava fazer isso pelo bem da organização." Depois de entrar no estado fundamental da liderança, ele propôs uma nova direção estratégica ao presidente do conselho e disse que, se o conselho não gostasse dela, ele iria embora sem problema. Sabia que a estratégia traria benefícios para a organização, independente da forma como o afetaria pessoalmente. Robert colocou o bem da organização em primeiro lugar. Quando um líder faz isso, as pessoas percebem, e ele ganha respeito e confiança. Os membros do grupo, por sua vez, se tornam mais dispostos a colocar o bem coletivo em primeiro lugar. Assim, tarefas que antes pareciam impossíveis tornam-se factíveis.

### Sou aberto para o que vem de fora?

Estar fechado a estímulos externos tem o benefício de nos manter concentrados, mas também permite que ignoremos sinais que sugerem necessidade de mudança. Tais sinais nos obrigariam a abrir mão do controle e enfrentar riscos. Negá-los é uma forma nos protegermos, mas também é uma maneira de nos enganarmos. John se convenceu de que havia feito tudo que podia para sua empresa em colapso quando, no fundo, sabia que tinha a capacidade de melhorar as coisas. Robert também enganava a si mesmo, até que a crise e uma oportunidade renovada o fizeram se abrir e explorar o fato de que estava desempenhando o papel para o qual fora designado sem usar seu conhecimento e capacidade emocional para transcender e liderar a equipe de modo verdadeiro.

Questionar se estamos mesmo abertos para o que vem de fora faz com que mudemos o foco do controle do ambiente para o aprendizado com o ambiente, e nos ajuda a reconhecer a necessidade de mudança. Em consequência, acontecem duas coisas. Primeiro, somos obrigados a improvisar em resposta a sinais não percebidos anteriormente – isto é, a sair de rotinas preestabelecidas. Segundo, como a sobrevivência no método erro-e-acerto exige uma visão precisa dos resultados que estamos criando, buscamos feedback de modo ativo e genuíno. Uma vez que as pessoas confiam mais em nós nesse estado, costumam oferecer um feedback mais acurado, já que compreendem que estamos mais interessados em aprender com a mensagem do que em matar o mensageiro. Cria-se um ciclo de aprendizagem e empoderamento, permitindo que vejamos coisas que em geral passam despercebidas e formulemos estratégias de transformação.

## Empregar os princípios fundamentais

Assim como ensino aos outros o estado fundamental da liderança, também tento usar o conceito em minha vida. Fui líder de equipe de um projeto do Executive Education Center da Universidade de Michigan. Normalmente, o centro dá cursos de uma semana, com a participação de 30 ou 40 executivos. Foi proposto que desenvolvêssemos um novo produto, uma semana integrada de perspectivas sobre liderança. C. K. Prahalad começaria com uma perspectiva estratégica, daí Noel Tichy, Dave Ulrich, Karl Weick e eu seguiríamos com nossas apresentações. O objetivo era lotar um auditório de 400 lugares. Como cada palestrante tinha um número razoavelmente grande de seguidores em algum domínio do mundo executivo, estávamos confiantes de que conseguiríamos fazer isso. Portanto, agendamos o programa para julho, mês em que nossas instalações eram subutilizadas.

Nos primeiros meses de planejamento e organização, tudo correu perfeitamente. Um consultor de marketing dissera que poderíamos garantir metade das inscrições três semanas antes do evento. Quando chegou essa época, um pouco menos de metade do público esperado havia se matriculado, portanto achamos que estava tudo bem. Mas então outro consultor explicou que, para eventos como aquele, conseguiríamos poucas inscrições adicionais nas três semanas que faltavam. A previsão surpreendente indicava que a participação seria metade do previsto e que teríamos sorte se não houvesse prejuízo.

Como líder da equipe, imaginei as consequências do fracasso. Os docentes, acostumados a ter casa cheia, ficariam ofendidos com metade da plateia vazia; o reitor procuraria saber o que deu errado; e os funcionários do centro provavelmente diriam que o problema era o líder da equipe. Naquela noite, passei várias horas andando de um lado para outro. Estava com medo e vergonha. Finalmente disse a mim mesmo que esse tipo de comportamento era inútil. Fui para minha mesa e escrevi as quatro perguntas. Enquanto as considerava, concluí que estava centrado no conforto, direcionado externamente, focado em mim mesmo e fechado internamente.

Então me perguntei: “Que resultado quero criar?” Escrevi que queria que o centro aprendesse como oferecer um produto novo, de padrão internacional, com grande demanda. Com essa percepção veio uma visão libertadora: como se tratava da primeira oferta do produto, conseguir um grande lucro não era essencial. É claro que seria bom, mas ficaríamos felizes se aprendêssemos como fazer um evento como aquele de modo adequado, sem prejuízo e assentando os pilares para lucrar no futuro.

E então perguntei a mim mesmo: “Como posso me concentrar nos outros?” Naquele momento, estava totalmente autocentrado, preocupado com minha reputação, e minha primeira inclinação era ficar bravo com a equipe. Mas, ao mudar meu foco para o que eles estavam pensando naquela noite, percebi que era provável que estivessem preocupados, esperando que eu aparecesse no trabalho na manhã seguinte pronto para distribuir culpas. De repente, vi a necessidade de desafiá-los e, ao mesmo tempo, lhes dar apoio.

Finalmente, pensei como poderia me tornar aberto para o que vem de fora. Isso significaria ir em frente e aprender algo novo, mesmo que eu ficasse desconfortável. Precisava me engajar em um diálogo exploratório, em vez de presidir como o especialista encarregado.

Então fiz uma lista de estratégias de marketing, apesar de prever que muitas delas deveriam ser tolas, pois eu não entendia nada do assunto. No dia seguinte, reuni a equipe, e todos, naturalmente, pareciam desconfiados. Perguntei-lhes qual era o resultado que queríamos criar. O que aconteceu em seguida é um bom exemplo de quão contagioso o estado fundamental da liderança pode ser.

Conversamos sobre estratégias para aumentar a presença do público e, algum tempo depois, eu disse que tinha certas ideias bobas sobre marketing, que me sentia envergonhado de compartilhá-las, mas que estava disposto a fazer qualquer coisa para ajudar. Eles riram de muitas sugestões ingênuas para aumentar a publicidade e criar incentivos de preço. Mesmo assim, minhas propostas também desencadearam discussões sérias, e o grupo começou a reunir ideias em torno de uma estratégia coletiva. Como eu estava aberto para os outros, havia espaço e tempo para todo mundo liderar. As pessoas apresentaram meios melhores de abordar veículos de informação e criar incentivos. Naquela reunião, o grupo desenvolveu um sentimento compartilhado de propósito, realidade, identidade e contribuição. Eles ficaram razoavelmente otimistas e foram adiante como uma equipe comprometida.

No final, não conseguimos 400 participantes, mas os assentos ocupados eram mais que suficientes para o evento ser considerado um sucesso. Conseguimos mais do que não ter prejuízo e desenvolvemos as habilidades de que precisávamos para realizar um evento melhor no futuro. O programa foi um sucesso porque algo transformador ocorreu com a equipe. No entanto, a transformação não se originou na reunião. Começou na noite anterior, quando fiz a mim mesmo as quatro perguntas e saí do estado normal, reativo, para o estado fundamental da liderança. A minha entrada no estado fundamental encorajou a equipe a também entrar nele.

O estado fundamental é útil em épocas de crise, mas também pode nos ajudar a lidar com desafios mais triviais. Se vou ter uma conversa importante, participar de uma reunião-chave ou de um evento significativo, ou dar uma aula, parte de minha preparação é tentar atingi-lo. Se estou trabalhando com um indivíduo, um grupo ou uma organização, faço as mesmas quatro perguntas. Com frequência elas levam a resultados de alto desempenho, e a repetição de resultados de alto desempenho pode acabar criando uma cultura de alto desempenho.

## Inspirar outros a ter alto desempenho

Quando entramos no estado fundamental da liderança, imediatamente temos novos pensamentos e adotamos novos comportamentos. Não é possível permanecer assim para sempre. Ele pode durar horas, dias ou às vezes meses, mas no final voltamos à nossa normalidade. Enquanto o estado fundamental é temporário, toda vez que entramos nele aprendemos mais sobre as pessoas e o ambiente ao redor e aumentamos a probabilidade de retornar a ele. Além do mais, inspiramos aqueles à nossa volta a atingir níveis mais altos de desempenho.

Até hoje Robert está encantado com o contraste entre o passado e o presente de sua organização. Sua transformação em um líder com energia positiva, além da vontade e da capacidade de enfrentar desafios de uma nova forma ajudou a tornar a Câmara de Comércio Júnior de Los Angeles um empreendimento altamente eficaz e criativo. Eis o que Robert disse na última vez que conversamos:

> Tenho uma massa crítica de indivíduos, tanto na equipe quanto no conselho, dispostos a encarar os desafios de um jeito novo e buscar soluções em conjunto. Nas reuniões, há uma nova energia presente. O que antes seria inimaginável agora parece acontecer com facilidade.

Qualquer CEO adoraria dizer essas coisas. Mas a verdade é que não se trata de uma situação típica. Quando Robert mudou para o estado fundamental da liderança, seu grupo (que havia começado em um estado normal) ganhou vida, pois absorveu a energia e a visão renovadas dele. Mesmo depois que ele saiu do estado fundamental, o grupo manteve um nível de desempenho mais alto. E continua a prosperar, sem reestruturações nem mudanças significativas na equipe.

Nada disso aconteceu porque Robert leu um livro ou um artigo sobre as melhores práticas de algum grande líder nem porque ele imitou alguém. Aconteceu porque ele foi ejetado de sua zona de conforto e obrigado a entrar no estado fundamental da liderança. Ele foi motivado a explicitar o resultado que queria criar, a agir com coragem de acordo com seus valores íntimos, a renunciar aos próprios interesses em favor do bem coletivo e a se abrir ao aprendizado em tempo real. Com Robert e outros como ele, podemos aprender o valor de nos desafiar dessa forma – um processo doloroso, mas com grande potencial de causar um impacto positivo em nossa vida e nas pessoas que nos cercam.

**Publicado originalmente em julho de 2005.**

9

# O que perguntar à pessoa no espelho

*Robert S. Kaplan*

SE VOCÊ É COMO A MAIORIA dos líderes bem-sucedidos, nos primeiros estágios da carreira deve ter recebido bastante orientação e apoio. Foi treinado e monitorado de perto. Mas, enquanto subia, as fontes de feedbacks sinceros e úteis tornaram-se escassas, e, depois de certo ponto, essa questão ficou praticamente por sua conta. Agora, seu chefe – se você tiver um – não está mais dando muita atenção às suas atividades cotidianas. Quando os erros vêm à tona, é provável que seja tarde demais para consertá-los – ou consertar a percepção que seu chefe tem de você. E quando os erros de gestão afetam de forma negativa os resultados, normalmente é tarde demais para fazer correções que o levarão de volta ao caminho certo.

Independentemente de quão talentoso e bem-sucedido você seja, vai cometer erros. Vai adquirir vícios. O mundo mudará de forma sutil, imperceptível, e comportamentos que funcionaram no passado se tornarão ineficientes. Durante uma carreira de 22 anos na Goldman Sachs, tive a oportunidade de gerenciar vários negócios e de orientar ou trabalhar com numerosos líderes de negócios. Dirigi as iniciativas de treinamento de líderes seniores da empresa e codirigi o comitê de sociedade, que se concentrava em avaliações, promoções e desenvolvimento de diretores. Com essa experiência e com entrevistas subsequentes com um grande número de executivos de uma ampla variedade de setores, observei que mesmo os mais excepcionais invariavelmente passam por períodos difíceis na carreira, quando perdem o prumo por algum tempo.

É difícil ver as coisas em perspectiva quando estamos no meio do imbróglio; mudanças no ambiente, concorrentes ou mesmo circunstâncias pessoais podem nos deixar paralisados. Aprendi que os líderes extremamente bem-sucedidos não são aqueles que descobriram como permanecer sempre no rumo certo, mas os que desenvolveram técnicas que ajudam a reconhecer uma situação em processo de deterioração e a voltar aos trilhos o mais rápido possível. Na minha experiência, o melhor modo de fazer isso é dar uma pausa com intervalos regulares, digamos a cada três a seis meses (e com certeza sempre que as coisas não vão tão bem), e fazer a si mesmo, com toda a sinceridade, algumas perguntas sobre seu desempenho e sobre o que talvez necessite ser feito de modo diferente. Parece simples, mas as pessoas costumam ficar chocadas com as próprias respostas relacionadas a questões básicas de gestão e liderança.

Um gestor de uma grande empresa de serviços financeiros, preterido em uma promoção, me contou que ficou bastante surpreso com sua avaliação de fim de ano, que destacava várias questões de gestão que não haviam sido mencionadas antes. Seu superior leu diversos comentários contidos na avaliação que o culpavam pela comunicação deficiente, pela incapacidade de articular bem uma estratégia para o negócio e pela tendência a se isolar da equipe. Para o gestor, a avaliação era injusta. Depois de 15 anos na empresa, começou a se sentir confuso e incompreendido. Questionava se ainda teria futuro ali. Decidiu procurar feedback junto a cinco de seus colaboradores mais importantes e mais antigos. Em reuniões individuais, pediu que lhe dessem feedback e conselhos sem rodeios. Ficou impressionado ao descobrir que eram bastante críticos em relação a várias de suas ações recentes e estavam confusos acerca da direção que ele queria dar ao negócio. Sentiam que ele não dava mais valor às contribuições deles. O feedback ajudou esse gestor a ver que ele estava tão imerso no dia a dia do negócio que não era capaz de fazer uma pausa para pensar no que estava

## Em resumo

Se você é como a maioria dos executivos, quanto mais alto subir na escada corporativa mais difícil será conseguir feedback franco acerca de seu desempenho. E sem a contribuição fundamental de superiores e de colegas, é possível cometer erros que prejudicam a organização de modo irreparável e que causam danos à sua reputação.

De que forma é possível descobrir como você está realmente se saindo e evitar desastres nos negócios? Kaplan acredita que todos somos capazes de encontrar a resposta dentro de nós. Faça, com regularidade, algumas perguntas a si mesmo, como "Estou expressando minha visão sobre o negócio a meus funcionários?", "Estou usando meu tempo para conseguir atingir minhas prioridades?", "Dou feedback oportuno e direto às pessoas para que possam tomar as providências cabíveis?" e "Como me comporto sob pressão?".

É muito mais importante fazer as perguntas corretas do que obter todas as respostas. Ao usar esse processo, você lida com os desafios de liderança que inevitavelmente surgem no decorrer da vida profissional e pode bolar um plano para permanecer no jogo.

fazendo. Foi um alerta sério. Imediatamente ele deu alguns passos para mudar seu comportamento e lidar com aquelas questões. No ano seguinte, sua avaliação melhorou de forma drástica. Ele foi finalmente promovido e o desempenho nos negócios progrediu. Esse gestor teve sorte de ter recebido feedbacks a tempo de colocar a carreira de novo nos eixos, embora tenha se arrependido de ter esperado uma avaliação negativa para só então questionar suas atividades de liderança. Ele prometeu a si mesmo que não cometeria mais esse erro.

Neste artigo vou delinear sete perguntas que os líderes deveriam fazer a si mesmos periodicamente. Não estou sugerindo que exista uma resposta "correta" para cada uma delas ou que todas vão influenciar determinado executivo em determinado momento. Estou dizendo que os executivos bem-sucedidos podem melhorar seu desempenho e neutralizar problemas sérios ao parar por um momento e se fazer algumas perguntas.

## Na prática

**Kaplan sugere que, com regularidade, sejam feitas perguntas relacionadas a sete desafios de liderança:**

| Para lidar com o desafio de liderança... | Pergunte... | Porque... |
|---|---|---|
| Visão e prioridades | Com que frequência comunico minha visão e principais prioridades a fim de torná-las realidade? | Os funcionários desejam entender para onde a empresa está indo, em que pontos precisam se concentrar. Num mundo em constante mudança, querem saber como a visão e as prioridades podem mudar. |
| Gestão do tempo | O modo como uso meu tempo é adequado às minhas principais prioridades? | Saber como usamos o tempo pode revelar descompassos alarmantes entre suas prioridades e suas ações. Esses descompassos transmitem mensagens confusas aos funcionários acerca de suas prioridades verdadeiras. |
| Feedback | Dou feedback oportuno e direto às pessoas para que possam tomar as providências cabíveis? | Os funcionários querem feedback sincero, direto e oportuno. A rotatividade no emprego diminui e a produtividade aumenta quando eles estão confiantes de que qualquer questão será tratada pronta e honestamente. |
| Planejamento para a sucessão | Já identifiquei potenciais sucessores? | É importante cultivar futuros líderes capazes de ajudar o negócio a crescer. Se você ainda não identificou possíveis sucessores, provavelmente não está delegando tanto quanto deveria e pode tornar-se um gargalo no processo decisório. |
| Avaliação e alinhamento | Estou sintonizado com mudanças nos negócios que podem exigir a tomada de novos rumos no modo como administro a empresa? | Todos os negócios deparam com os desafios impostos pelas mudanças. Por exemplo, das necessidades dos clientes às questões inerentes ao amadurecimento. A fim de determinar a melhor forma de evoluir, busque mudanças com regularidade, procure novas perspectivas propostas por subordinados talentosos e pense em novos desenhos organizacionais. |
| Liderança sob pressão | Como me comporto sob pressão? | Durante as crises, os funcionários nos observam com lupa – e nos imitam. Ao identificar comportamentos improdutivos em situações de pressão (como pôr a culpa nos outros ou explodir), podemos administrá-los melhor e evitar enviar sinais involuntários sobre o modo como devem agir. |
| Permanecer fiel a si mesmo | Meu estilo de liderança reflete quem realmente sou? | Uma carreira empresarial é uma maratona, não uma corridinha de 100 metros. Se adotamos um estilo de liderança não adequado a nossas competências, valores e personalidade, vamos nos desgastar. |

## Visão e prioridades

É surpreendente que os líderes não tenham o hábito de fazer a si mesmos as seguintes perguntas: *Com que frequência converso sobre minha visão do negócio e minhas prioridades? Caso alguém lhes pergunte, meus funcionários serão capazes de discutir visão e prioridades?* Muitos têm, na teoria, uma fortuna em talentos de liderança: habilidades interpessoais, analíticas e estratégicas; destreza para criar equipes; e com toda a certeza, capacidade de desenvolver uma visão sobre o negócio. Infelizmente, sob a pressão das atividades cotidianas, raramente expressam de forma adequada suas perspectivas para a empresa e, em especial, não as transmitem de um jeito que contribua para que todos possam compreender o que devem fazer a fim de avançar. É muito difícil liderar pessoas se elas não compreendem perfeitamente para onde estão indo e o que se espera delas.

Foi esse o problema verificado em uma grande empresa da *Fortune 200* que decidiu investir nos seus mil gerentes mais promissores fazendo-os participar, 100 de cada vez, de um programa intensivo de treinamento em gestão com duração de dois dias. Antes de cada sessão eles passavam por uma análise geral, sem fins de avaliação, na qual cada elemento crítico de seu desempenho individual era classificado por 10 de seus subordinados. A administração sênior da empresa viu os resultados desses feedbacks, concentrando-se nas cinco características superiores e nas cinco inferiores de cada grupo. Apesar de se tratar de uma empresa extremamente bem administrada, a capacidade de apontar perspectivas ficou entre as cinco mais baixas em quase todos os grupos. Embora os gestores articulassem sua visão do negócio, o feedback não deixava dúvida de que eles não estavam comunicando essa visão com frequência ou clareza suficiente para atender à enorme sede por orientação dos subordinados.

Os funcionários querem saber para onde a empresa está seguindo e no que precisam se concentrar. Num mundo em constante mudança, querem saber se a visão do negócio e as prioridades também podem mudar. Os gestores são ensinados a se comunicar ativamente, mas na prática muitos acabam se comunicando pouco ou não conseguem articular as prioridades específicas que dariam fundamento à sua visão. Não importa a frequência com que você imagina que discute visões e estratégias nem se os detalhes são suficientes para atender às necessidades dos funcionários. Veja o caso do CEO de uma empresa emergente de biotecnologia que ficou bastante frustrado com o que percebeu como falta de alinhamento em seu primeiro escalão administrativo. Ele realmente acreditava que a empresa precisava levantar recursos substanciais nos 18 meses seguintes, mas seus gerentes seniores queriam esperar alguns anos até que dois ou três dos principais medicamentos em desenvolvimento estivessem em um estágio mais avançado no processo de aprovação da Food and Drug Administration (FDA). Preferiam contar a história aos investidores quando a empresa estivesse mais perto de gerar receita. Quando lhe perguntei qual era sua visão da empresa, o CEO percebeu, envergonhado, que nunca havia explicitado por escrito sua perspectiva para o negócio. Ele tinha um plano tático bem articulado para cada um dos produtos específicos, mas não possuía uma visão de conjunto que daria um contexto mais amplo para esses esforços. Ele decidiu organizar uma reunião externa com a equipe de administração sênior a fim de discutir e articular as perspectivas para a empresa.

Depois de um debate acalorado, o grupo uniu-se depressa em torno de uma visão e das prioridades estratégicas. Todos perceberam que, a fim de conseguir atingir os objetivos compartilhados, a empresa na verdade necessitaria, quanto antes, de um aporte substancial – ou seria obrigada a redimensionar algumas das iniciativas fundamentais para que a visão que tinham da empresa se realizasse. Quando compreenderam esse compromisso, entenderam o que o CEO tentava fazer e saíram da reunião unidos acerca da estratégia para obter o financiamento. O CEO ficou bastante surpreso com a facilidade de unir os membros da equipe de liderança. Como estavam de acordo quanto aos rumos da empresa, ficou muito mais fácil resolver questões específicas.

Uma armadilha comum ao se articular uma visão é a incapacidade de reduzi-la a uma lista factível de iniciativas. Enxugar essa lista envolve reflexão, seguida de escolhas e decisões difíceis. Essas escolhas dizem muito para os funcionários sobre como devem gastar seu tempo. Falei com o gestor de uma equipe de vendas nacional que se sentia frustrado porque seus subordinados diretos não estavam se concentrando nas tarefas necessárias para atingir as metas de vendas regionais. Como resultado, as vendas cresciam a um ritmo menor do que o planejado no começo do ano. Quando

## Teste a si mesmo

A fim de analisar seu desempenho e continuar no prumo, é preciso parar e fazer algumas perguntas a si mesmo.

### Visão e prioridades

Na pressão das atividades cotidianas, com frequência os líderes não conseguem comunicar sua visão de forma adequada para a empresa e, se o fazem, não é de um modo que ajude os subordinados a determinar onde concentrar os próprios esforços.

Com que frequência comunico a visão que tenho dos negócios?

Já identifiquei três ou cinco prioridades para realizar essa visão e conversei sobre elas?

Caso lhes perguntem, meus funcionários serão capazes de explicar a visão e as prioridades?

### Gestão do tempo

Os líderes precisam saber como usam seu tempo. Também precisam garantir que sua alocação de tempo (assim como a de seus subordinados) se alinha com as prioridades.

Como estou usando meu tempo? Esse uso se alinha com minhas prioridades?

Como meus subordinados estão usando o tempo? Esse uso se alinha com as prioridades do negócio?

### Feedback

Muitas vezes os líderes não conseguem orientar os funcionários de modo direto e oportuno. Em vez disso, esperam para dar o feedback na avaliação de fim de ano. Essa abordagem pode levar a surpresas desagradáveis e prejudicar o desenvolvimento profissional eficiente. Da mesma forma, os líderes precisam cultivar subordinados capazes de lhes dar conselhos e feedback durante todo o ano.

Dou feedback direto e oportuno às pessoas para que possam tomar as atitudes cabíveis?

Tenho cinco ou seis subordinados que me dirão coisas que talvez eu não queira ouvir, mas que são importantes?

### Planejamento para a sucessão

Quando os líderes não conseguem efetivamente planejar sua sucessão, não delegam o suficiente e podem se tornar gargalos no processo decisório. Funcionários importantes podem deixar a empresa se não forem ativamente preparados e desafiados.

Já escolhi, pelo menos na minha opinião, um ou mais sucessores em potencial?

Eu estou orientando e lhes dando tarefas desafiadoras?

Estou delegando de forma suficiente? Tornei-me um gargalo no processo de decisão?

### Avaliação e alinhamento

O mundo está em constante transformação e os líderes precisam ser capazes de adaptar os negócios de acordo com as mudanças.

O modelo da minha empresa ainda está alinhado com os principais fatores de sucesso do negócio?

Se tivesse que planejar meu negócio numa folha em branco, como eu o faria? No que ele seria diferente do desenho atual?

Devo criar uma força-tarefa de subordinados para responder a essas questões e me dar orientações?

### Liderar sob pressão

Em épocas de estresse, as ações de um líder são observadas de perto pelos subordinados e têm um impacto profundo tanto na cultura da empresa quanto no comportamento dos funcionários. Líderes bem-sucedidos precisam estar atentos a seus próprios gatilhos de estresse e, de maneira consciente, modular seu comportamento durante esses períodos a fim de se assegurar de que estão agindo de modo consistente com suas crenças e valores íntimos.

Quais os tipos de acontecimento que criam pressão para mim?

Como me comporto sob pressão?

Que sinais estou enviando a meus subordinados? Esses sinais ajudam, ou estão minando o sucesso do negócio?

**Permanecer fiel a si mesmo**

Executivos bem-sucedidos desenvolvem um estilo de liderança que se encaixa não só nas necessidades do negócio como também em sua personalidade e em suas próprias crenças.

Meu estilo de liderança é maleável?

Eu me imponho de forma suficiente, ou me tornei indeciso?

Sou político demais e tendo a evitar conflitos?

Minhas preocupações com bônus ou promoções me fazem pegar leve demais ou parecer hesitante na hora de expressar minhas opiniões?

lhe pedi que enumerasse três a cinco prioridades em que seus vendedores deveriam se concentrar, ele fez uma pausa e depois explicou que havia 15 delas e que seria muito difícil reduzir a lista a cinco.

Mas aí, enquanto conversávamos, ele teve um insight. Percebeu por que poderia haver um descompasso entre ele e seus funcionários: não sabiam exatamente o que ele queria porque não informou a eles quais eram suas prioridades. Durante as duas semanas seguintes, ele refletiu longamente sobre a própria experiência como gerente regional. Também conversou com diversos colegas. Então selecionou três prioridades que considerava fundamentais para promover aumento das vendas. A mais importante envolvia um grande exercício de foco em novos negócios, seguido de um empenho substancial em busca de novas oportunidades. Os gerentes regionais compreenderam de imediato e começaram a se concentrar nessas iniciativas. O fato é que ter 15 prioridades é o mesmo que não ter nenhuma. Os gestores têm a responsabilidade de traduzir suas perspectivas em um número de prioridades que seja compreensível e manejável para seus subordinados.

A incapacidade de transmitir perspectivas e prioridades tem custo direto sobre nós mesmos em eficácia relativa ao tempo gasto e aos negócios. É difícil delegar se as pessoas não têm uma boa noção do quadro geral; logo, acabamos com mais trabalho. A dúvida poderá se alastrar pela empresa se seus funcionários forem incapazes, por sua vez, de comunicar as perspectivas e mobilizar os próprios subordinados.

## Gestão do tempo

A segunda área a questionar é incrivelmente simples e se relaciona de perto com a primeira: *Como estou usando meu tempo?* Quando você sabe quais são as prioridades, precisa determinar se está usando o tempo – seu ativo mais precioso – de modo a cumpri-las. Por exemplo, se as suas duas prioridades são desenvolvimento de talentos seniores e expansão global, mas você gasta a maior parte do tempo em questões operacionais e administrativas domésticas que poderiam ser delegadas, reconheça que existe um descompasso. É melhor fazer algumas mudanças.

Trata-se de uma pergunta tão simples, e mesmo assim muitos líderes, e eu me incluo entre eles, às vezes não conseguem responder a ela com precisão. Quando finalmente descobrem o que fazem com seu tempo, ficam surpresos. A maioria de nós passa por períodos em que eventos inesperados e o caos cotidiano nos tornam reativos, deixando de agir segundo o planejado. Crises, surpresas, questões pessoais e interrupções fazem com que a semana voe. Recomendei a muitos executivos que registrassem seu uso do tempo, cada hora do dia, durante uma semana, e depois classificassem as horas em tipos de atividade: negócios, desenvolvimento, gestão de pessoas e planejamento estratégico, por exemplo. Para a maioria, o resultado desse exercício é alarmante, com disparidades óbvias entre prioridades e o uso do tempo.

Por exemplo, o CEO de uma indústria de médio porte sentia-se frustrado porque trabalhava 70 horas por semana e nunca parecia estar em dia com as tarefas. Sua vida familiar sofria e, no escritório, ele raramente estava disponível para os funcionários e para os principais clientes. Sugeri que parasse um pouco e examinasse sua gestão do tempo, hora por hora, durante uma semana. Depois analisamos os resultados. Percebemos que ele gastava uma quantidade substancial de tempo aprovando despesas, algumas bem pequenas, de 500 dólares, em um negócio de 500 milhões em vendas. Durante uma reunião no em meu escritório, ele teve dificuldades para explicar por que não delegou parte dessa responsabilidade. Essa atividade remontava à época em que a empresa era muito menor. Ao delegar autoridade para aprovação de gastos recorrentes abaixo de 25 mil dólares, ele percebeu que poderia economizar até 15 horas por semana. Ficou admirado por não ter percebido e feito a mudança muito antes.

O uso do tempo é uma questão importante não apenas para você, mas também para a equipe. Quando se trata de gestão de tempo a tendência é seguir o líder. Portanto, é bom garantir que existe uma correspondência entre suas ações, prioridades de negócios e as atividades da equipe. O CEO de uma empresa de prestação de serviços profissionais em rápido crescimento, com 300 funcionários, achava que, a fim de impulsionar o negócio os gestores seniores tinham que desenvolver relações mais fortes e mais substanciais com os clientes. Assim, deveriam aumentar de forma significativa o tempo passado fora do escritório. Quando lhe perguntaram como dispunha do próprio tempo, o CEO não conseguiu responder. Depois de fazer o acompanhamento por uma semana, ficou estarrecido ao descobrir que dedicava uma quantidade enorme de horas a atividades administrativas relacionadas à gestão da empresa. Ele percebeu que a atenção que dedicava a essas questões não refletia as prioridades e enviava uma mensagem ambígua para a equipe. Imediatamente, ele se esforçou em delegar certo número das tarefas administravas e a aumentar o tempo que passava com clientes, dando um exemplo poderoso para todos. Ele orientou cada um de seus gerentes seniores a fazer um exercício semelhante de alocação de tempo para ter certeza de que dedicavam horas suficientes aos clientes.

É claro que o modo como um líder gasta seu tempo precisa estar adequado às necessidades do negócio, que podem variar de acordo com a época do ano, mudanças na equipe e fatores externos. O que importa, independentemente do que você decidir, é que a alocação de tempo seja uma decisão consciente que se adapte à sua visão e às prioridades para o negócio. Dada a pressão de administrar uma empresa, é fácil perder o foco, e, portanto, é importante fazer essas perguntas a si mesmo periodicamente. Da mesma forma como você interromperia tudo para examinar uma grande decisão de investimento, precisa analisar com serenidade o modo como investe seu tempo.

## Feedback

Quando pensamos nas maneiras como abordamos o feedback, devemos nos perguntar em primeiro lugar: *Dou feedback oportuno, direto e construtivo para as pessoas?* E, em segundo lugar: *Tenho cinco ou seis subordinados que vão me dizer coisas que não quero mas preciso ouvir?*

Se são como a maioria dos funcionários ambiciosos, seus subordinados querem ser orientados de maneira direta e sincera. Desejam receber o feedback enquanto ainda há chances de agir em relação ao que precisa ser melhorado. Se esperamos a análise de fim de ano para fazer isso, pode ser tarde demais. Na minha experiência, gestores bem-intencionados não costumam dar feedback franco, direto e oportuno aos subordinados.

Uma razão para isso é que os gestores com frequência têm medo de que feedback e críticas construtivas desmoralizem os funcionários. Além disso, criticar um profissional de maneira franca e direta pode ser visto como uma postura excessivamente agressiva. Por último, muitos administradores temem que esse tipo de feedback faça com que os funcionários não gostem deles. Assim, muitos esperam pela hora das avaliações de fim de ano, uma espécie de veredito sobre o desempenho que não constitui, portanto, uma orientação construtiva; em geral o subordinado assume uma posição defensiva, pouco aberta a críticas. Essa abordagem cria surpresas, com frequência desagradáveis, que solapam a confiança que o subordinado deposita no gerente.

A verdade é que os gestores que não dão feedback imediato e direto com frequência são "queridos" até o fim do ano – época em que passam a ser altamente malquistos. Se os funcionários ficaram aquém das expectativas, o fracasso se reflete nos bônus, nos aumentos e nas promoções. O sentimento de injustiça pode ser enorme. O pior é o conhecimento de que, se um funcionário tivesse recebido feedback antes naquele ano, provavelmente teria feito esforços significativos para melhorar e resolver a questão.

As pessoas gostam de receber feedback positivo, mas também querem muito saber a verdade. Raramente vi alguém pedir demissão depois de ouvir a verdade ou de ser desafiado a melhorar – a menos que já fosse tarde demais. É mais provável que permaneçam na empresa quando entendem as questões que precisam resolver. E quando confiam que você vai chamar a atenção para tais questões, de maneira direta e rápida. Passam a confiar que você vai trabalhar com elas a fim de desenvolver suas habilidades e que não serão surpreendidas no fim do ano. Os funcionários que não conseguirem a promoção esperada terão mais probabilidade de perdoá-lo se você tiver dito a eles o que precisavam melhorar. É bem provável que redobrem seus esforços para demonstrar que podem superar as dificuldades.

Durante minha carreira na Goldman Sachs, sempre descobri, de forma consistente, que o desenvolvimento profissional era mais eficaz quando a orientação e o feedback direto eram transmitidos aos funcionários durante o ano todo – com bastante antecedência em relação ao processo de avaliação de desempenho anual. Pesquisas internas com a diretoria demonstravam que, nos casos em que o feedback se limitava à avaliação de fim de ano, a satisfação com o desenvolvimento da carreira era drasticamente mais baixa do que quando ele era oferecido durante o ano inteiro.

Por mais difícil que seja dar feedback eficaz e oportuno, muitos líderes acham bem mais desafiador ouvir o que os funcionários têm a dizer. Quando se atinge certo estágio na carreira, os subordinados juniores estão em melhor posição do que seu chefe para dizer como você está se saindo. Eles o observam em suas atividades diárias e vivenciam diretamente as decisões que você toma. Seu chefe, nesse estágio, está muito mais afastado e, como resultado, em geral precisa falar com seus subordinados para avaliar o seu desempenho no fim do ano. Para evitar surpresas nessa época, desenvolva uma rede de profissionais mais jovens que estejam dispostos a lhe fazer críticas construtivas. O problema é que, embora seus subordinados diretos saibam o que você está fazendo de errado, a maioria não morre de vontade de lhe contar. Por um bom motivo: fazer isso traz poucas vantagens e uma enorme quantidade de desvantagens. Quanto mais sênior e mais importante na empresa você se torna, menos seus subordinados lhe dirão a "terrível verdade" – coisas que são difíceis de ouvir, mas que é preciso saber.

Cultivar subordinados para lhe dar conselhos e orientações exige um esforço concentrado, assim como paciência e persistência. Quando peço aos meus funcionários que me deem feedback construtivo, de modo geral e previsível eles me dizem que estou indo "muito bem". Quando dou sequência e pergunto "O que eu poderia fazer de outra forma?", eles respondem "Nada que eu consiga pensar". Se eu os desafio exclamando "Tem de haver algo!", ainda assim eles dizem "Não me ocorre nada". Daí eu peço que pensem – temos tempo suficiente. Nessa hora, gotas de suor começam a se tornar visíveis na testa deles. Depois de um silêncio constrangedor, alguma coisa surge – e com frequência é horrível ouvir. É horrível porque é uma crítica e porque você sabe que é verdadeira.

O que se faz em seguida é essencial. Se agir, vai melhorar seu desempenho. Igualmente importante é que você dará um passo decisivo para aumentar o grau de confiança e formar as bases de um canal de feedback honesto. Quando os subordinados perceberem que você reage de forma positiva às sugestões, eles vão se sentir mais donos do negócio e mais responsáveis pelo seu sucesso. Aprenderão a criticá-lo por iniciativa própria porque sabem que você aprecia a verdade e faz algo a respeito. Desenvolver uma rede de subordinados "orientadores" vai ajudá-lo a tomar medidas para identificar suas próprias dificuldades de liderança e melhorar, de forma significativa, seu desempenho.

## Planejamento para a sucessão

Outra pergunta que os administradores sabem que é importante, mas que ainda lutam para responder de forma positiva é: *Já escolhi, pelo menos na minha opinião, um ou mais sucessores em potencial?* Ela é fundamental porque, se você não está identificando sucessores em potencial, provavelmente não está delegando tanto quanto deveria e pode muito bem ter se tornado um gargalo no processo decisório. Ou seja, não dedica tempo suficiente às prioridades vitais de liderança nem consegue desenvolver seus principais subordinados. De forma irônica, sempre que os líderes acreditam ser tão talentosos a ponto de cumprir certas tarefas muito melhor do que qualquer um e por isso insistem em tomá-las para si, eles criam problemas para os negócios. No fim, isso terá um efeito deletério sobre sua carreira.

A sucessão tem implicações importantes que se alastram pela organização. Se os líderes não desenvolvem sucessores, pode ser que faltem líderes capazes de fazer o negócio crescer com êxito. Pior do que isso, se não há investimento nos funcionários mais jovens, é bem provável que eles deixem a empresa em busca de melhores oportunidades. Por essas razões, muitas empresas bem administradas hesitariam em promover executivos incapazes de preparar sucessores.

É suficiente identificar possíveis sucessores sem informá-los – desde que essa seleção faça com que você os administre de forma diferente. É particularmente desejável delegar mais de suas principais responsabilidades a esses profissionais. Isso vai acelerar seu amadurecimento e prepará-los para desafios maiores. Ao passar-lhes atribuições complexas, você demonstra forte interesse no desenvolvimento e no progresso da carreira deles – o que vai encorajá-los a rejeitar ofertas de emprego de concorrentes. Os líderes que fazem isso são muito mais capazes de manter suas equipes unidas e evitar a perda de estrelas ascendentes para a concorrência.

Para a empresa, a perda de talentos é extremamente danosa. É doloroso em especial quando se poderia ter evitado a saída de funcionários importantes simplesmente desafiando-os com mais intensidade. Conversei com o chefe de uma divisão de uma grande empresa, preocupado com o que percebia como um déficit de talentos na organização. Ele sentia que não podia empregar seu tempo da forma mais eficaz porque não acreditava que os subordinados diretos fossem capazes de assumir algumas de suas grandes responsabilidades. Ele acreditava que esse déficit de talentos impedia o lançamento de vários produtos no mercado. Em meio a tudo isso, perdeu dois subordinados essenciais em seis meses: eles saíram para assumir responsabilidades maiores em grandes concorrentes. Ele tentou convencê-los de que estavam sendo efetivamente considerados para novas atribuições de liderança. Como não tinham visto nenhuma evidência disso, foram céticos e preferiram sair. Perguntei-lhe se, antes das demissões, ele os identificara (ou se identificara qualquer outra pessoa) como sucessor em potencial, se havia lhes passado mais responsabilidades ou se ativamente antecipara o treinamento desses profissionais. Ele respondeu que, em face da rotina diária e na tentativa de manter os negócios, não havia feito nada disso. Também admitiu ter subestimado o potencial desses subordinados e percebeu que provavelmente estava subestimando a capacidade de outros na empresa. Imediatamente, elaborou uma lista de estrelas em potencial e, ao lado de cada nome, assinalou um plano de carreira e de responsabilidades. Na mesma hora, começou a trabalhar nesse plano formador de sucessores, apesar de suspeitar que já havia esperado demais.

Quando se desafiam e se testam as pessoas, acaba-se delegando tarefas com mais frequência, o que libera tempo para você se concentrar nas questões estratégicas mais críticas enfrentadas pelo negócio. Isto aumenta as chances de sucesso e a probabilidade de promoções na carreira.

## Avaliação e alinhamento

O mundo está em constante transformação. As necessidades de seus clientes são alteradas; o negócio evolui (por exemplo, passa da fase de crescimento acelerado para a fase madura); novos produtos e métodos de distribuição surgem como ameaça. Quando essas mudanças ocorrem, se não mudamos junto com elas, podemos ficar seriamente fora dos trilhos. As pessoas contratadas, o modo como são treinadas, os incentivos econômicos oferecidos e até a natureza das tarefas que lhes são delegadas já não criam a cultura e os resultados essenciais para o negócio. É seu dever garantir que o projeto da organização esteja alinhado com os fatores fundamentais para o sucesso do negócio. Precisamos nos perguntar: *Estou sintonizado com as mudanças no ambiente do negócio que exigiriam alterações no modo como organizamos e administramos nosso negócio?*

É claro que é difícil alcançar tal lucidez. Os líderes podem estar envolvidos demais nos negócios para observar mudanças sutis e contínuas. Para quem teve um papel central na construção e no desenvolvimento de um modelo do negócio, pode ser emocionalmente muito difícil fazer mudanças significativas. Talvez certos funcionários tenham que ser dispensados – gente recrutada e contratada por você. Ou talvez seja preciso reconhecer alguns erros, e abrir-se para mudanças no modo de agir, o que pode ser desconfortável por algum tempo.

Por causa da dificuldade em enfrentar essas questões, às vezes é sábio pedir que subordinados de alto potencial deem uma olhada e reavaliem o negócio. Essa abordagem pode ser bastante eficaz porque funcionários mais jovens com frequência não têm tanto envolvimento emocional e podem ver o que precisa ser feito com mais objetividade. É também um bom jeito de desafiar os futuros líderes e proporcionar-lhes uma valiosa experiência de desenvolvimento. Receberão uma oportunidade de exercitar suas capacidades estratégicas; será possível vislumbrar seu potencial (que se relaciona com a discussão anterior sobre planejamento para a sucessão), e talvez surjam algumas novas e fabulosas ideias sobre como administrar o negócio.

Essa abordagem se mostrou boa para o CEO de uma empresa de alta tecnologia do norte da Califórnia, uma das mais inovadoras em seu nicho de produtos que começava a fraquejar e perder participação no mercado. No início de suas atividades, os principais fatores para o sucesso foram os produtos inovadores e a satisfação dos clientes. Adotou-se uma política agressiva de contratação de engenheiros e pessoal de marketing. Quando surgiram novos concorrentes, os clientes passaram a focar mais em custo e serviço (na forma de desenvolvimento de aplicativos mais sofisticados). Analisando a situação, o CEO sentiu que precisava redesenhar a empresa com uma combinação diferente de pessoas e uma estrutura de incentivos revisada. Em vez de tentar ele mesmo bolar um novo modelo, pediu a um grupo de executivos mais jovens que formulasse um novo projeto para a empresa, como se começassem "do zero". O estudo levou algumas semanas para ser concluído e, quando foi finalizado, resultou em várias recomendações que o CEO começou a implantar imediatamente. Por exemplo, eles sugeriram alinhar os departamentos de engenharia e vendas, criar equipes integradas de cobertura de contas. Também recomendaram que os engenheiros passassem a interagir mais com os clientes – e ter em mente essa habilidade ao recrutar novos funcionários. O CEO lamentou não ter feito a consulta – e conduzido essa tarefa – 12 meses antes.

Mesmo as empresas mais bem-sucedidas estão suscetíveis a novos desafios impostos por um mundo em mudança. Executivos eficazes costumam ver seus negócios como uma folha de papel em branco – e buscam conselhos e outras perspectivas dadas por pessoas menos envolvidas emocionalmente no negócio a fim de determinar se os aspectos fundamentais do modo como administram a organização ainda são apropriados.

## Liderar sob pressão

A pressão faz parte do negócio. As modificações nas condições da empresa criam problemas urgentes. Novos participantes do mercado exigem uma reação competitiva. Funcionários valiosos pedem demissão, com frequência nos períodos mais inoportunos. Por mais inteligentes que sejam, os líderes e suas equipes cometem erros.

O que é interessante acerca de eventos estressantes é que eles afetam cada um de forma diferente: o que causa ansiedade a alguém pode não incomodar o outro, e vice-versa. Para alguns, a ansiedade extrema pode ser acionada pela perspectiva de uma promoção; para outros, por se cometer um erro grave; para outros ainda, pode ser perder parte do negócio para um concorrente. Não importa a fonte do estresse, todo líder passa por isso. Portanto, uma boa pergunta é: *Como me comporto sob pressão, e que sinais envio para meus funcionários?*

Como líder, você é observado de perto. Durante uma crise, as pessoas analisam o comportamento de seus líderes com lupa, observando cada movimento. Nessas horas, os subordinados aprendem muito sobre você e sobre tudo em que você realmente acredita, em oposição ao que diz. Você se responsabiliza pelos erros ou procura culpar alguém? Apoia os funcionários ou se volta contra eles? Permanece calmo e sereno ou perde a paciência? Defende o que acredita ou toma o caminho mais fácil e advoga o que acha que os funcionários mais antigos querem ouvir? Precisamos estar bem conscientes para reconhecer as situações que criam ansiedade severa para nós e administrar nosso comportamento, a fim de evitar enviar mensagens improdutivas para as pessoas.

Conheço vários líderes que se comportam de maneira bastante educada e atenciosa na maioria das vezes. Porém, quando estão sob estresse extremo reagem de forma bastante negativa. Inadvertidamente treinam os funcionários para imitar esse comportamento. Se nosso instinto é nos blindar contra a culpa, levar a fama em vez de compartilhá-la com os subordinados, ou evitar admitir nossos erros, então damos aval para que nossos funcionários façam o mesmo.

O CEO de uma grande empresa de gestão de recursos ficou frustrado por não conseguir criar uma cultura de responsabilidade e trabalho em equipe no negócio em crescimento. A seu pedido, conversei com alguns dos membros da equipe. Perguntei em especial sobre as ações do CEO quando os investimentos recomendados se desvalorizavam. Eles relataram os frequentes ataques de raiva e acusações, que resultaram em uma atmosfera sufocante de culpabilização e dedos em riste. Na verdade, as decisões sobre os investimentos haviam sido feitas em conjunto, por meio de um cuidadoso processo envolvendo gerentes de carteira, analistas do setor e o CEO. Como resultado desses episódios, os funcionários aprendiam que quando os investimentos davam errado, era melhor encontrar um culpado. Ao ouvir essas histórias, o CEO percebeu que o modo como agia sob pressão era muito mais contundente para os funcionários do que os discursos que fazia sobre trabalho em equipe e cultura. Compreendeu que teria de aprender a moderar seu comportamento sob estresse e, subsequentemente, tomar medidas para evitar reagir de modo tão raivoso em relação a resultados negativos. Ele também se tornou mais consciente de que em geral os subordinados ficavam arrependidos e se sentiam desmoralizados quando os investimentos fracassavam e que provavelmente precisavam mais de tapinhas nas costas e de orientação do que de broncas e acusações.

É muito difícil esperar que os funcionários deem alertas sobre problemas iminentes quando temem a reação – e mais ainda quando acham que é melhor se distanciar de problemas em potencial. Isso pode criar uma atmosfera propensa a surpresas. Se você criou esse tipo de cultura, é pouco provável que os funcionários falem sobre os problemas de forma espontânea – a menos que queiram pôr em risco a carreira.

Parte do processo de amadurecimento de um líder é aprender e analisar o que o pressiona, ter consciência dessas situações e disciplinar o comportamento para garantir que as atitudes sejam consistentes com seus valores essenciais.

## Permanecer fiel a si mesmo

A maioria dos líderes de negócios se pergunta se seu estilo é adequado às necessidades da empresa. Poucos se perguntam se seu estilo é adequado às próprias crenças e personalidade. A pergunta aqui é: *Meu estilo de liderança reflete quem eu sou de verdade?*

Uma carreira no mundo dos negócios é uma maratona, não uma corridinha, e se você não for fiel a si mesmo, vai se sentir esgotado antes do final. Enquanto desenvolve sua carreira, é aconselhável observar diversos estilos de liderança e selecionar elementos com os quais você se sente confortável. No entanto, é preciso manter em mente que observar e adotar aspectos de outros estilos não é o mesmo que tentar ser outra pessoa. Durante minha carreira, tive a sorte de ter vários chefes e colegas excelentes, com habilidades de liderança distintas e únicas. Tentei adotar algumas de suas técnicas, mas também aprendi que precisava desenvolver um estilo adequado às peculiaridades de minha personalidade e competências. O estilo precisa se adequar a você; até um estilo pouco ortodoxo pode ser imensamente eficaz caso reflita suas competências, valores e personalidade.

Com a experiência, vai ser preciso adicionar mais um conjunto de perguntas relativas a estilo. *Eu sou suficientemente assertivo ou me tornei hesitante? Tendo a ser político demais e evitar conflitos? Será que minhas preocupações com promoções ou bônus de fim de ano me fazem pegar leve demais ou vacilar na hora de expressar minhas opiniões com clareza?*

Em muitas empresas, executivos ambiciosos evitam o confronto em questões sensíveis. Pior do que isso, gastam uma enorme quantidade de energia tentando adivinhar o que o chefe pensa para agir como se pensassem o mesmo. Quando são bastante competentes nisso, podem até ter uma oportunidade de se antecipar – e ver o brilho de aprovação nos olhos do chefe.

A questão é que confronto e divergência são cruciais em tomadas de decisão eficazes. Algumas das piores decisões nas quais estive envolvido foram tomadas depois que um grupo de pessoas inteligentes concordou de maneira unânime com o caminho que deveria ser seguido – apesar de mais tarde muitos participantes terem admitido que tinham dúvidas, mas que hesitaram e não quiseram discordar do aparente consenso. Em contrapartida, para mim é difícil lembrar alguma decisão ruim tomada após um debate minucioso no qual opiniões opostas foram expressas com vigor (mesmo que eu discordasse da decisão final). As empresas precisam de líderes que defendam suas opiniões e convicções em vez de concordar com o que acreditam ser a opinião corrente. Portanto, como líderes, temos de nos perguntar se estamos transmitindo nossas opiniões ou omitindo-as e sendo muito políticos. Ao mesmo tempo, os líderes precisam encorajar os subordinados a expressar suas opiniões sem rodeios, criar caso quando apropriado e parar de pisar em ovos em relação a questões importantes.

---

Líderes bem-sucedidos precisam travar batalhas durante algumas épocas da carreira. Para voltar ao prumo, devem elaborar técnicas para fazer uma pausa, enxergar uma perspectiva clara e desenvolver um plano de jogo. Nesse processo, ter sempre a resposta para suas perguntas é muito menos importante do que passar algum tempo propondo a si mesmo as perguntas corretas para chegar a novos insights. A intenção das perguntas expressas neste artigo é incitar a reflexão. Apenas um subconjunto delas vai repercutir junto a você; e talvez seja mais útil fazer a própria lista. Em todo caso, um processo de autoquestionamento, feito com periodicidade, ajuda a resolver problemas e desafios de liderança que invariavelmente surgirão no decorrer da vida profissional.

**Publicado originalmente em janeiro de 2007.**

10

# A liderança primordial

## O propulsor oculto de um grande desempenho

*Daniel Goleman, Richard E. Boyatzis e Annie McKee*

QUANDO A TEORIA SOBRE INTELIGÊNCIA EMOCIONAL no trabalho passou a receber atenção ampla, com frequência ouvíamos executivos dizerem – no mesmo fôlego – "É incrível" e "Claro, eu sempre soube disso". Era como reagiam à pesquisa que demonstrava a indiscutível ligação entre a maturidade emocional de um executivo, exemplificada por habilidades como autoconhecimento e empatia, e o resultado financeiro que ele obtém. De maneira simples, a pesquisa mostrava que "gente boa" – isto é, homens e mulheres com inteligência emocional – chega em primeiro lugar.

Recentemente compilamos dois anos de novas pesquisas que, suspeitamos, causarão o mesmo tipo de reação. A primeira coisa que dirão é "De jeito nenhum" e logo acrescentarão "Mas é claro". Descobrimos que, entre todos os elementos que afetam o desempenho do resultado financeiro, o humor e o comportamento do líder são os mais surpreendentes. Esse poderoso par dá início a uma reação em cadeia: ambos direcionam o humor e o comportamento de todos os que o cercam. Um chefe mal-humorado e rude cria uma organização tóxica, cheia de pessoas negativas e recalcadas, que ignoram oportunidades. Um líder inspirador e inclusivo gera seguidores para os quais qualquer obstáculo é transponível. O elo final da cadeia é o desempenho: lucro ou prejuízo.

Nossa observação sobre o impressionante impacto do "estilo emocional" do líder não é um completo desvio de nossa pesquisa. No entanto, representa uma análise mais profunda acerca da afirmação anterior de que a inteligência emocional de um líder cria uma cultura ou ambiente de trabalho específicos. A pesquisa mostrou que altos níveis de inteligência emocional criam climas nos quais a troca de informação, a confiança, a tomada saudável de riscos e o aprendizado florescem. Níveis baixos criam climas cheios de medo e ansiedade. Funcionários tensos ou aterrorizados podem ser bastante produtivos a curto prazo e garantir bons resultados para as organizações, mas estes nunca duram.

Nossa investigação foi projetada em parte para analisar como a inteligência emocional determina o desempenho – em particular, como ela viaja a partir do líder, por toda a organização até os resultados financeiros. "De qual mecanismo", perguntamos, "se compõem os elos da cadeia?". A fim de responder a essa questão, olhamos para as pesquisas neurológicas e psicológicas mais recentes. Também nos inspiramos no nosso trabalho com líderes empresariais, em observações feitas por colegas sobre centenas de líderes e em dados do Hay Group sobre o estilo de liderança de milhares de executivos. Desse arcabouço de pesquisas, descobrimos que a inteligência emocional é transmitida para o interior de uma organização assim como a eletricidade corre por meio da fiação. Para sermos mais específicos, o humor do líder é, literalmente, contagiante, e espalha-se de forma rápida e inexorável pelo negócio.

Mais adiante, discutiremos com mais profundidade a ciência do contágio de humor, mas antes vamos nos voltar às principais implicações de nossa descoberta. Se a disposição do líder e os comportamentos decorrentes são de fato poderosos condutores do sucesso empresarial, então sua tarefa principal – diríamos até sua tarefa primordial – é a liderança emocional. Um líder precisa garantir a manutenção de um padrão otimista, autêntico e cheio de energia não apenas para si, mas também para motivar seus seguidores a imitar seu exemplo em ações deliberadas. A

## Em resumo

Qual é o fator que exerce maior influência sobre o desempenho de uma empresa? A resposta vai surpreendê-lo – e faz todo o sentido: é o humor do próprio líder.

A inteligência emocional dos executivos – autoconhecimento, empatia, conexão com os outros – tem ligações claras com a própria performance. Mas novas pesquisas mostram que o estilo emocional de um líder também influencia o humor e o comportamento do resto da empresa – por meio de um processo neurológico chamado **contágio de humor**. Algo parecido com o ditado: "Sorria e o mundo sorrirá com você."

A inteligência emocional percorre a organização como a eletricidade corre pelos fios. Chefes deprimidos e rudes criam organizações tóxicas, cheias de elementos subaproveitados e esbanjando negatividade. Mas se você é um líder otimista e inspirador, acabará cultivando funcionários positivos que abraçam e superam até os desafios mais difíceis.

A liderança emocional não consiste apenas em colocar uma máscara de alegria todos os dias. Ela implica entender o impacto que você exerce sobre os outros – e ajustar seu estilo levando isso em consideração. Um processo difícil de autodescoberta – mas essencial *antes* que se possa enfrentar as responsabilidades de liderança.

gestão para obter resultados financeiros, então, começa com o líder cuidando de sua vida para que ocorra a correta reação em cadeia de emoções e comportamentos.

É claro que administrar a vida interior não é fácil. Para muitos, trata-se do desafio mais difícil. E pode ser igualmente difícil aferir como a emoção de uma pessoa afeta as outras. Por exemplo, conhecemos um CEO que tinha certeza de que todos o viam como alguém positivo e confiável; seus subordinados diretos nos contaram que consideravam sua alegria forçada, até mesmo falsa, e suas decisões, erráticas. (Denominamos essa desconexão comum de "doença do CEO".) A implicação é que a liderança primordial requer mais do que vestir uma carapuça de alegria todos os dias. Exige que o executivo determine, por meio de análise e reflexão, como sua liderança emocional orienta a disposição e as ações da empresa e daí, com igual disciplina, ajustar seu comportamento.

Isso não quer dizer que líderes não podem passar por um dia ou uma semana ruins: a vida não para. E nossa pesquisa não sugere que o bom humor precisa ser de alta frequência ou ininterrupto – basta ser otimista, sincero e realista. Mas não há como escapar da conclusão, antes de passar ao amplo conjunto de suas outras responsabilidades críticas, que em primeiro lugar um líder precisa prestar atenção no impacto provocado por sua disposição e comportamento. Neste artigo, introduzimos um processo que pode ser empregado para analisar como as outras pessoas vivenciam sua liderança. Abordamos modos de calibrar esse impacto. Primeiro, vejamos por que o estado de espírito não costuma ser discutido no ambiente de trabalho, como o cérebro funciona para tornar a disposição contagiante e o que precisamos saber acerca da doença do CEO.

## De jeito nenhum! Mas é claro!

Quando dissemos que é provável que as pessoas reajam à nossa descoberta dizendo "De jeito nenhum", não estávamos brincando. O fato é que o impacto emocional do líder quase nunca é discutido no ambiente de trabalho, muito menos na literatura sobre liderança e desempenho. Para a maioria das pessoas, o "estado de espírito" parece ser um assunto muito pessoal. Ainda que os americanos possam ser escandalosamente francos ao tratar de questões íntimas – veja o que acontece em programas de entrevistas –, também somos dos mais limitados pela legislação. Não é possível sequer perguntar a idade de um candidato a emprego. Assim, uma conversa sobre o estado de espírito de um executivo ou a disposição que ele cria em seus funcionários pode ser interpretada como invasão de privacidade.

Também é possível que se evite falar sobre o estilo emocional de um líder e o impacto que causa porque, francamente, o assunto parece delicado. Quando foi a última vez que você levou em conta o estado de espírito de uma subordinada como parte de uma avaliação de desempenho? Pode ser que você tenha feito alguma alusão: "Seu trabalho é prejudicado por uma

## Na prática

**Como fortalecer sua liderança emocional**

Uma vez que poucas pessoas têm a coragem de dizer a verdade sobre o impacto emocional provocado por você, é preciso descobrir por conta própria. O seguinte processo pode ajudar. Ele se baseia na neurociência, bem como em anos de pesquisa de campo com executivos. Use esses passos para reconfigurar seu cérebro e para trabalhar com mais inteligência emocional.

1. **Quem você quer ser?**

   Imagine-se como um líder altamente eficaz. O que você vê?

   *Exemplo:* Sofia, gerente sênior, costumava microgerenciar os outros para garantir que o trabalho fosse feito de forma "correta". Então ela se *imaginou* no futuro como líder eficaz da própria empresa, desfrutando de relacionamentos cheios de confiança com os colegas. Ela se viu relaxada, feliz e poderosa. O exercício revelou lacunas no estilo emocional que adotava.

2. **Quem é você atualmente?**

   A fim de enxergar seu estilo de liderança do mesmo modo que os outros, colha feedback de 360 graus, especialmente de pares e subordinados. Identifique suas fraquezas e pontos fortes.

3. **Como você vai daqui para lá?**

   Faça um plano para preencher a lacuna entre quem você é e quem quer ser.

   *Exemplo:* Juan, executivo de marketing, era ranzinza, intimidador e difícil de agradar. Encarregado do crescimento da empresa, *precisava* ser otimista e encorajador – um conselheiro com visão. Determinado a entender os outros, ele tornou-se treinador de futebol, voluntário em um centro de crises e passou a conhecer seus subordinados, encontrando-os fora do trabalho. Essas novas situações o estimularam a romper velhos hábitos e a tentar novas respostas.

**4. Como fazer com que as mudanças permaneçam?**
Ensaie novos comportamentos repetidas vezes – física e mentalmente – até que se tornem automáticos.

*Exemplo:* Tom, executivo, queria aprender como aconselhar, em vez de punir. Usou o tempo do deslocamento até o trabalho para visualizar uma reunião difícil com um funcionário e viu-se fazendo perguntas e ouvindo. Ensaiou mentalmente como lidaria com a própria impaciência. O exercício o preparou para adotar novos comportamentos no encontro real.

**5. Quem pode ajudar?**
Não tente trabalhar suas capacidades emocionais sozinho – identifique aqueles que podem ajudá-lo a navegar por esse difícil processo. Gerentes da Unilever formaram grupos de aprendizado que os ajudaram a fortalecer suas capacidades ao trocar entre si feedback franco e ao desenvolver uma sólida confiança mútua.

perspectiva frequentemente negativa", ou "Seu entusiasmo é excelente" –, mas é pouco provável que tenha mencionado o humor, muito menos discutido seu impacto nos resultados da organização.

No entanto, nossa pesquisa sem dúvida também vai suscitar uma reação do tipo "Mas é claro". Todo mundo sabe do peso do estado emocional do líder no desempenho, porque todo mundo já teve, uma vez ou outra, a experiência inspiradora de trabalhar para um gestor otimista ou a experiência acachapante de estar subordinado a um chefe amargo. O primeiro fez tudo parecer possível, e, como resultado, objetivos extensos são alcançados, concorrentes esmagados e novos clientes conquistados. O segundo tornou o trabalho extenuante. No rastro do mau humor do chefe, outras áreas da organização se tornam "o inimigo", colegas passam a suspeitar uns dos outros e os clientes somem.

## Os chefes malvados que vencem

Todo mundo conhece um CEO rude e repressor que, aparentemente, é a antítese da inteligência emocional e, no entanto, colhe ótimos resultados nos negócios. Se o humor de um líder tem tanta importância, como podemos explicar o sucesso daqueles chefes horríveis?

Primeiro, examinemos melhor a situação. Um executivo pode ocupar um cargo mais visível sem que ele de fato seja a liderança da empresa. Um CEO que lidera um conglomerado pode não falar diretamente com a equipe; são os chefes de divisão que efetivamente lideram os funcionários e influenciam os resultados.

Em segundo lugar, às vezes esse líder tem pontos fortes que contrabalançam seu comportamento cáustico, mas eles não chamam tanto a atenção da imprensa especializada. No começo de sua carreira na GE, Jack Welch liderava com mão de ferro enquanto a empresa passava por uma reviravolta radical. Naquela época e naquela situação, o estilo firme de Welch, de impor decisões de cima para baixo, era adequado. O que não foi tão noticiado foi como Welch adotou posteriormente um estilo de liderança mais inteligente em termos emocionais, em especial quando articulou uma nova visão para a empresa e mobilizou as pessoas a segui-la.

Deixando essas advertências de lado, voltemos para os desagradáveis líderes corporativos que parecem ter chegado a resultados sólidos apesar da liderança brutal. Os céticos citam Bill Gates, por exemplo, como líder que se safa com um estilo áspero que em teoria deveria ser prejudicial à empresa.

Mas nosso modelo de liderança, que mostra a eficácia de estilos específicos em situações específicas, lança uma luz diferente sobre o comportamento supostamente negativo de Gates. (Nosso modelo é explicado em detalhe no artigo "Liderança de resultados", publicado na edição de março-abril de 2000 da *Harvard Business Review.*) Gates é o líder orientado para resultados por excelência, em uma organização que escolheu a dedo pessoas talentosas e motivadas. Seu estilo de liderança aparentemente áspero – desafiando os funcionários a superarem desempenhos anteriores – pode ser bastante eficaz quando esses indivíduos são competentes, motivados e precisam de pouca orientação – características comuns nos engenheiros da Microsoft.

Em resumo, é bastante fácil para um cético argumentar contra a importância de líderes que administram o próprio humor ao citar um chefe rude e duro que chegou a resultados de negócios bons apesar de seu mau comportamento. Argumentamos, é claro, que existem exceções à regra e que, em alguns casos específicos, um chefe desagradável se dá bem. Mas, em geral, líderes rudes precisam mudar, ou seu humor e suas atitudes acabarão levando-os a se dar mal.

Nossa pesquisa e outras feitas por cientistas sociais confirmam a veracidade dessas experiências. (Há, claro, casos raros em que um chefe brutal produz um resultado excelente. Exploramos essa dinâmica no quadro da página anterior.) Há estudos demais para serem todos mencionados aqui, mas, no conjunto, eles mostram que, quando o líder está feliz, as pessoas à sua volta veem tudo sob uma luz mais positiva. Isso, por sua vez, as torna otimistas para atingir metas, melhora sua criatividade e a eficácia de seu processo de decisão e as predispõe a ajudar. Por exemplo, estudo conduzido por Alice Isen, de Cornell, em 1999, revelou que um ambiente otimista promove a eficiência mental, fazendo com que as pessoas absorvam e compreendam melhor as informações, usem regras decisórias em julgamentos complexos e sejam flexíveis em seu modo de pensar. Outras pesquisas fazem uma ligação direta entre humor e desempenho financeiro. Em 1986, por exemplo, Martin Seligman e Peter Schulman, da Universidade da Pensilvânia, demonstraram que os corretores de seguro com uma visão de "copo meio cheio" eram muito mais capazes, de persistir apesar das rejeições e, assim, fechar mais contratos, quando comparados a seus companheiros mais pessimistas.

Muitos líderes responsáveis por criar um ambiente disfuncional por conta de seu estilo emocional acabam demitidos. (É claro, a razão oficial nunca é essa, e sim os maus resultados.) Mas não é preciso terminar assim. Da mesma forma que é possível reverter o mau humor, é possível também reverter a disseminação dos sentimentos tóxicos vindos de um líder emocionalmente inepto. Uma olhada no cérebro explica por que, quando e como.

## A ciência do humor

Um volume crescente de pesquisas sobre o cérebro humano prova que, para o bem ou para o mal, a disposição dos líderes tem efeito sobre as emoções das pessoas a seu redor. O motivo disso está no que os cientistas denominam natureza de circuito aberto do sistema límbico do cérebro, nosso centro emocional. Um sistema em circuito fechado é autorregulado, ao passo que um sistema em circuito aberto depende de fontes externas para se administrar. Em outras palavras, nos apoiamos em conexões com outras pessoas a fim de determinar nossos humores. O sistema límbico em

## Sorria e o mundo sorrirá para você

Lembra-se desse clichê? Não está muito longe da verdade. Como mostramos, o contágio do humor é um fenômeno neurológico real, mas nem todas as emoções se alastram com a mesma facilidade. Um estudo de 1999 feito por Sigal Barsade na Yale School of Management mostrou que, entre grupos de trabalho, a alegria e a cordialidade se alastravam com facilidade, ao mesmo tempo que isso acontecia menos em relação à irritabilidade e menos ainda em relação à depressão.

Não deveria ser surpresa saber que a risada é a mais contagiante de todas as manifestações da emoção. Ao ouvir uma risada, é quase impossível não rir ou sorrir também. Isso porque alguns dos circuitos abertos de nosso cérebro são projetados para detectar sorrisos e risadas, fazendo-nos reagir do mesmo modo. Os cientistas teorizam que essa dinâmica foi inculcada em nosso cérebro eras atrás porque sorriso e risada cimentam alianças, e assim ajudam a espécie a sobreviver.

Mas a principal implicação aqui, para líderes que assumem a tarefa primordial de administrar seu estado de espírito e o dos outros, é a seguinte: o bom humor acelera o alastramento de um clima positivo. Assim como a disposição do líder, porém, o humor precisa se afinar com a cultura e a realidade da organização. Acreditamos firmemente que sorrisos e risadas são contagiantes somente quando genuínos.

circuito aberto foi um projeto vencedor na evolução porque permitiu que as pessoas se ajudassem em termos emocionais – garantindo que uma mãe, por exemplo, possa acalmar um filho aos prantos.

O design de circuito aberto continua a servir ao mesmo propósito há milhares de anos. Pesquisas feitas em unidades de tratamento intensivo mostraram, por exemplo, que a presença reconfortante de outra pessoa não apenas reduz a pressão sanguínea do paciente, como também desacelera a secreção de ácidos graxos que bloqueiam as artérias. Em outro estudo descobriu-se que três ou mais incidentes de estresse ocorridos em um ano (por exemplo, por sérios problemas financeiros, demissão do emprego ou divórcio) triplicam a taxa de morte entre homens de meia-idade socialmente isolados, mas não têm impacto sobre a taxa de mortalidade de homens que mantêm relações com outras pessoas.

Os cientistas descrevem o circuito aberto como o “regulamento límbico interpessoal”; um indivíduo transmite sinais que podem alterar os níveis hormonais, as funções cardiovasculares, os ritmos de sono e até mesmo as funções imunológicas no corpo de outro. É assim que os casais são capazes de desencadear ondas de oxitocina no cérebro um do outro, criando um sentimento agradável e afetuoso. Mas as fisiologias se misturam em todos os aspectos da vida social. O design de circuito aberto do sistema límbico permite que outras pessoas modifiquem nossa própria fisiologia e, assim, nossas emoções.

Apesar de o circuito aberto ter grande papel em nossa vida, normalmente não percebemos o processo. Os cientistas capturaram a sintonia de emoções, em laboratório, ao medir sinais fisiológicos – como o ritmo cardíaco, por exemplo – de duas pessoas durante uma conversa. No início da interação, os corpos operam em ritmos diferentes. Mas, depois de 15 minutos, os perfis fisiológicos parecem extraordinariamente similares.

Os pesquisadores já viram inúmeras vezes como as emoções se alastram de forma irresistível sempre que as pessoas estão próximas. Ainda em 1981, os psicólogos Howard Friedman e Ronald Riggio descobriram que mesmo expressões completamente não verbais podem afetar os outros. Por exemplo, quando três estranhos se sentam em frente um ao outro em silêncio durante um ou dois minutos, aquele mais expressivo em termos emocionais transmite seu humor para os demais – sem que uma única palavra seja dita.

O mesmo acontece no escritório, na sala de reunião do conselho, na loja; membros de um grupo inevitavelmente "absorvem" os sentimentos uns dos outros. Em 2000, Caroline Bartel, da Universidade de Nova York, e Richard Saavedra, da Universidade de Michigan, descobriram que em 70 grupos de trabalho, em diversos tipos de setor, as pessoas acabavam compartilhando o humor durante as reuniões – tanto o bom quanto o mau – dentro de duas horas. Em um estudo, pediu-se que enfermeiros e contadores monitorassem o próprio humor durante algumas semanas. Os pesquisadores descobriram que as emoções se alinhavam e que esses sentimentos eram em larga medida independentes dos aborrecimentos compartilhados por cada grupo. Portanto os grupos, assim como as pessoas, passeiam numa montanha-russa emocional, compartilhando tudo, da inveja à angústia e à euforia. (Uma boa disposição, incidentalmente, se alastra com mais velocidade com o uso criterioso do humor. Para saber mais, veja o quadro da página anterior Sorria e o mundo sorrirá para você.)

Os humores de quem está no topo costumam se mover com mais rapidez porque todo mundo observa o chefe. Suas deixas emocionais são absorvidas. Mesmo quando o chefe não está sempre visível – por exemplo, o CEO que trabalha de portas fechadas em um andar superior –, a atitude dele afeta aqueles que se reportam diretamente a ele, e um efeito dominó se alastra por toda a empresa.

## Chame um médico para o CEO

Se a disposição do chefe é tão importante, seria melhor que ele estivesse de bom humor, não? Sim, mas a resposta completa é um pouco mais complicada. O humor de um líder tem o maior impacto sobre o desempenho quando ele é positivo. Mas também precisa estar afinado com aqueles a seu redor. Chamamos isso de ressonância dinâmica (para saber mais a respeito, veja o quadro Fique feliz, com cautela, na página 192).

Descobrimos que um número alarmante de líderes não sabe se tem ressonância na empresa. Eles sofrem da doença do CEO; o sintoma desagradável é a total ignorância sobre como sua disposição e suas ações são vistas pela empresa. Não é que os chefes não se importem com a maneira como são vistos; a maioria se importa. Mas assumem, de forma incorreta, que eles mesmos podem decifrar a informação. Pior do que isso, acham que, se estão tendo um efeito negativo, alguém vai informá-los. Eles estão errados.

Como explica um dos CEOs que participaram de nossa pesquisa: "Com muita frequência sinto que não sei a verdade. Nunca consigo saber ao certo, porque ninguém está, na realidade, mentindo para mim, mas sinto que as pessoas estão escondendo informações ou camuflando fatos importantes. Não mentem, mas também não me contam tudo que preciso saber. Estou sempre tentando adivinhar."

Ninguém conta ao chefe a verdade absoluta sobre o impacto emocional que ele causa por vários motivos. Às vezes têm medo de dar más notícias – e serem demitidos. Há quem sinta que não é de sua alçada fazer comentários sobre algo tão pessoal. Outros ainda não percebem que o assunto sobre o qual realmente querem falar é o efeito do estilo emocional do chefe – isso parece muito vago. Seja qual for a razão, o CEO não pode esperar que os funcionários abram o jogo.

## Fique feliz, com cautela

Bom humor estimula o bom desempenho, mas não faz sentido que um líder esteja alegre como um passarinho se as vendas estão despencando ou se o negócio está se desfazendo. Os executivos mais eficazes demonstram humores e comportamentos que se enquadram na situação do momento, com uma dose saudável de otimismo. Eles respeitam os sentimentos das pessoas, mesmo que o outro esteja cabisbaixo ou derrotado – mas também dão um exemplo de como avançar com esperança e humor.

Esse tipo de desempenho, que chamamos de ressonância, é, para todos os fins, o quarto componente da inteligência emocional em ação.

O **autoconhecimento**, talvez a competência mais essencial da inteligência emocional, é a capacidade de reconhecer nossas próprias emoções. Ela permite que as pessoas saibam quais são seus pontos fortes e suas limitações e se sintam confiantes sobre seu valor. Líderes ressonantes usam o autoconhecimento para aferir os próprios humores com precisão e intuitivamente saber como estão afetando os outros.

A **autogestão** é a capacidade de controlar emoções e agir com honestidade e integridade em termos confiáveis e adaptáveis. Líderes ressonantes não permitem que seu mau humor ocasional estrague o dia: eles usam a autogestão para deixá-lo do lado de fora do escritório ou para explicar sensatamente às pessoas o motivo a fim de que elas saibam de onde vem e quanto tempo pode durar.

A **conscientização social** inclui habilidades fundamentais como a empatia e a intuição organizacional. Executivos socialmente conscientes fazem mais do que detectar as emoções dos outros, eles demonstram que se importam. Além disso, são especialistas em compreender as nuances da política corporativa. Portanto, líderes ressonantes entendem com profundidade como suas palavras e ações fazem os outros se sentirem, e são sensíveis o suficiente para modificá-las quando o impacto é negativo.

A **gestão de relacionamento**, a última das competências da inteligência emocional, inclui a capacidade de se comunicar com clareza e de modo convincente,

### Faça um inventário

O processo de autodescoberta e reinvenção pessoal que recomendamos não é moderno nem nasceu da psicologia pop, como tantos programas de autoajuda oferecidos ao mundo corporativo hoje em dia. Pelo contrário, baseia-se em três correntes de pesquisa sobre como os executivos podem incrementar as habilidades de inteligência emocional mais intimamente desarmar conflitos e construir fortes laços pessoais. Líderes ressonantes usam essas habilidades para espalhar entusiasmo e resolver desentendimentos, frequentemente com humor e gentileza.

Apesar de a liderança ressonante ser eficaz, também é rara. A maioria das pessoas sofre nas mãos de líderes dissonantes, cuja disposição tóxica e comportamentos desconcertantes armam o caos antes que um líder esperançoso e realista repare a situação.

Consideremos o que aconteceu em uma divisão experimental da BBC, a gigante da mídia inglesa. Apesar de todo o esforço de cerca de 200 jornalistas e editores, a administração resolveu desativá-la.

A decisão já era muito ruim, mas o modo brusco e controverso do executivo enviado para dar a notícia para a equipe reunida incitou algo além da esperada frustração. As pessoas ficaram enraivecidas – com a notícia e com o mensageiro. Tanto o mau humor quanto o modo irritadiço usado para fazer o anúncio geraram uma atmosfera tão pesada que o executivo precisou chamar os seguranças para sair correndo da sala.

No dia seguinte, outro executivo fez uma visita à mesma equipe. Seu comportamento foi sóbrio e respeitoso. Ele falou sobre a importância do jornalismo para manter a vitalidade da sociedade, assim como da vocação que levou todos ali a escolher essa profissão. Ele lembrou que ninguém entra no jornalismo para ficar rico – são poucas as compensações financeiras, a segurança no emprego é reduzida e fica ao sabor das ondas maiores da economia. Ele se recordou da época em que foi demitido e de como batalhou para encontrar um novo emprego – e mesmo assim continuou dedicado ao ofício. Finalmente, desejou sucesso a todos na carreira.

Qual foi a reação daqueles que formaram uma turba furiosa no dia anterior? Quando esse líder ressonante terminou de falar, os funcionários o aclamaram.

---

ligadas à liderança eficaz. Em 1989, um de nós (Richard Boyatzis) começou a trabalhar com esse corpo de pesquisa a fim de projetar o processo de cinco passos, e, desde então, milhares de executivos o usaram com sucesso.

Diferentemente de outras formas de coaching, nosso processo se baseia na neurociência. As habilidades emocionais de uma pessoa – a atitude e as habilidades e capacidades com as quais alguém aborda a vida e o trabalho – não estão ligadas à genética, como a cor dos olhos ou da pele. Mas de alguma forma pode haver alguma relação porque estão profundamente fincadas em nossa neurologia.

As habilidades emocionais humanas têm, na verdade, um componente genético. Os cientistas descobriram, por exemplo, o gene da timidez – que não é um tipo de humor *per se*, mas que certamente pode levar alguém a adotar um comportamento persistentemente quieto, o que algumas vezes é considerado "depressivo". Outras pessoas são felizes de uma forma além do normal – isto é, sua alegria incessante parece anormal até conhecermos seus animados pais. Como explica um executivo: "Tudo que sei é que, desde que era bebê, sempre fui feliz. Algumas pessoas enlouquecem com isso, mas eu não conseguiria ficar triste nem se tentasse. E meu irmão é exatamente igual; ele tentou ver o lado bom da vida mesmo durante o divórcio."

Ainda que as habilidades emocionais sejam parcialmente congênitas, a experiência tem um papel importante no modo como os genes se expressam. Um bebê feliz que perde os pais ou que passa por abuso físico pode se tornar um adulto melancólico. Uma criancinha irritadiça pode se transformar em um adulto alegre depois de descobrir um hobby que a preencha. Ainda assim, a pesquisa sugere que nossa variedade de habilidades emocionais fica relativamente firmada quando temos 20 e poucos anos e que os comportamentos que nos acompanham já são, por essa época, hábitos arraigados. E nisso está a fricção: quanto mais agimos de certa forma – seja feliz, deprimida ou irritadiça –, mais o comportamento se torna enraizado em nosso circuito cerebral e mais continuaremos a sentir e agir do mesmo modo.

É por isso que a inteligência emocional tem tanta importância para um líder. Um líder emocionalmente inteligente pode monitorar seus humores através do autoconhecimento, mudá-los para melhor pela autogestão, compreender seu impacto por meio da empatia e agir de modo a estimular os humores dos outros graças à gestão de relacionamento.

O processo de cinco partes, a seguir, é projetado para reprogramar o cérebro de forma a acionar comportamentos mais inteligentes em termos emocionais. O processo começa ao imaginar seu eu ideal e daí a aceitar seu eu verdadeiro, como os outros o veem. O próximo passo é criar um plano tático para fazer a ponte entre o ideal e o real e, depois, para pôr isso em prática. Finaliza com a criação de uma comunidade de colegas e família – vamos chamá-los de executores da mudança –, a fim de manter o processo vivo. Vejamos os passos em detalhe.

### "Quem eu quero ser?"

Sofia, gerente sênior de uma empresa de telecomunicações do norte da Europa, sabia que precisava entender como sua liderança emocional afetava os outros. Sempre que se sentia estressada, tinha a tendência de se comunicar mal e assumir o trabalho dos subordinados para que fosse feito da maneira "certa". Participar de seminários sobre liderança não mudou seus hábitos, tampouco a leitura de livros de gestão ou recorrer a mentores.

Quando Sofia nos procurou, pedimos que se imaginasse oito anos no futuro como líder eficaz e fizesse uma descrição de um dia típico. "O que estaria fazendo?", perguntamos. "Onde estaria morando? Quem estaria lá? Qual a sensação?" Nós a incitamos a considerar seus valores mais profundos e os sonhos mais sublimes e a explicar como esses ideais haviam se tornado parte de sua vida cotidiana.

Sofia se viu liderando a própria empresa, com uma equipe de 10 colegas. Ela vivia uma relação franca com a filha e mantinha relacionamentos de confiança com os amigos e colegas de trabalho. Ela se via como líder e mãe descontraída e feliz. Amorosa e capaz de delegar a todos a seu redor.

Em geral, Sofia tinha um baixo nível de autoconhecimento. Raramente era capaz de apontar porque tinha tantas dificuldades no trabalho e em casa. Tudo que conseguia dizer era: "Nada está funcionando direito." Esse exercício, que a incitou a imaginar como a vida seria se tudo estivesse dando certo, abriu seus olhos para os elementos que faltavam em seu estilo emocional. Ela conseguiu ver o impacto que tinha sobre as pessoas que faziam parte de sua vida.

### "Quem sou agora?"

No próximo passo do processo de descoberta, você vê seu estilo de liderança do mesmo modo que os outros. Isso é difícil e perigoso, já que poucas pessoas têm estômago para dizer ao chefe ou a um colega como ele realmente é porque tal informação pode atordoar ou mesmo paralisar. Um pouquinho de ignorância sobre si mesmo nem sempre é ruim:

## Ressonância em tempos de crise

Quando falamos sobre a disposição dos líderes, não é possível exagerar a importância da ressonância. Enquanto nossa pesquisa sugere que, em geral, eles deveriam transmitir positividade, seu comportamento precisa ter raízes na realidade, especialmente quando confrontados por uma crise.

Consideremos a reação de Bob Mulholland, vice-presidente sênior e dirigente do grupo de relacionamento com clientes da Merrill Lynch, na ocasião dos ataques terroristas em Nova York. Em 11 de setembro de 2001, Mulholland e sua equipe, sediados no Two World Financial Center, sentiram o edifício balançar, e depois viram a fumaça sair de um buraco imenso no prédio diretamente em frente ao deles. As pessoas entraram em pânico: algumas corriam, frenéticas, de janela em janela. Outras ficaram paralisadas de medo. Aquelas com familiares que trabalhavam no World Trade Center se apavoraram, pensando em sua segurança. Mulholland sabia que precisava agir: "Quando existe uma crise, é preciso mostrar o caminho para as pessoas, passo a passo, e se assegurar de que está cuidando das preocupações delas."

Ele começou transmitindo informações que as pessoas precisavam para sair do estado de paralisia. Descobriu, por exemplo, em quais andares trabalhavam parentes de seus funcionários e garantiu que teriam tempo suficiente para escapar. Depois acalmou os apavorados, um por um. "Vamos sair daqui agora", disse, com calma, "e vocês vêm comigo. Não pelo elevador, pelas escadas." Ele permaneceu calmo e decidido, e no entanto não desdenhou das reações emocionais. Graças a ele, todo mundo escapou antes de as torres desabarem.

A liderança de Mulholland não terminou naquele momento. Ao reconhecer que o evento afetaria pessoalmente cada cliente, ele e sua equipe elaboraram um modo para que os consultores financeiros se conectassem com os clientes em nível emocional. Telefonaram para cada um e perguntaram: "Como está? Seus entes queridos estão bem? Como você está se sentindo?" Como explica Mulholland: "Não havia como continuar a fazer os negócios de sempre. A primeira ordem do 'negócio' era fazer com que nossos clientes soubessem que realmente nos preocupávamos com eles."

Bob Mulholland desempenhou com coragem uma das tarefas emocionais mais fundamentais da liderança: ajudou a si mesmo e a seus subordinados a encontrar sentido diante do caos e da loucura. A fim de conseguir isso, primeiro se sintonizou e então expressou a realidade emocional compartilhada. É por isso que a direção que acabou tomando ressoou nas pessoas. Seus atos e palavras refletiram o que todos tinham no coração.

os mecanismos de defesa do ego têm suas vantagens. Pesquisas feitas por Martin Seligman mostram que as pessoas muito produtivas geralmente se sentem mais otimistas acerca de suas perspectivas e possibilidades do que aquelas com desempenho médio. As lentes cor-de-rosa, na verdade, alimentam o entusiasmo e a energia que fazem com que o inesperado e o extraordinário sejam factíveis. O dramaturgo Henrik Ibsen chamava esse tipo de autoilusão de "mentiras vitais", inverdades reconfortantes que nos ajudam a encarar um mundo assustador.

Mas a autoilusão deve vir em doses bem pequenas. Os executivos nunca deveriam parar de buscar a verdade acerca de si mesmos, especialmente porque, de qualquer jeito, ela estará um tanto diluída quando a ouvirem. Um modo de descobrir a verdade é manter uma atitude aberta em relação às críticas. Outra é procurar o feedback negativo, até mesmo cultivar um colega ou dois para que façam o papel de advogado do diabo.

Também recomendamos que a pessoa reúna feedback do máximo de pessoas possível – incluindo chefes, pares e subordinados. Feedback de subordinados e pares é especialmente útil porque prediz com a maior precisão a efetividade de um líder por dois, quatro e até sete anos para a frente, de acordo com pesquisa feita por Glenn McEvoy, da Utah State, e Richard Beatty, da Rutgers University.

É claro que o feedback de 360 graus não pede que as pessoas avaliem seu humor e suas ações e o impacto causado. Mas revela como você é visto. Por exemplo, quando as pessoas avaliam se você é um bom ouvinte, estão na realidade relatando como acham que você as escuta. Da mesma forma, quando o feedback de 360 graus provoca comentários sobre a eficácia de seus aconselhamentos, as respostas mostram se as pessoas sentem se você as compreende e se preocupa com elas ou não. Quando o feedback revela pontuação baixa em, digamos, abertura para novas ideias, significa que você é visto como inacessível, inatingível ou ambos. Em suma, tudo que é preciso saber sobre o impacto emocional que causa encontra-se no feedback de 360 graus, se houver interesse.

Uma última observação sobre este segundo passo. Com certeza, é fundamental identificar suas fraquezas, mas focar apenas nelas pode ser desalentador. Por isso é tão ou até mais importante entender seus pontos fortes. Saber onde seu eu real se sobrepõe a seu eu ideal lhe dará a energia positiva de que precisa para seguir em frente até o próximo passo no processo – e preencher a lacuna.

### "Como vou daqui até lá?"

Assim que você descobre quem quer ser e faz a comparação com o modo como as pessoas o veem, é necessário formular um plano de ação. Para Sofia, significava conquistar uma melhora real em seu nível de autoconsciência. Portanto, ela pediu feedback a cada membro de sua equipe – todas as semanas, de forma anônima e por escrito – sobre seu humor, seu desempenho e os efeitos que causava nas pessoas. Ela também se comprometeu a realizar três tarefas difíceis mas factíveis: passar uma hora por dia refletindo, em um diário, sobre seu comportamento, fazer aulas de dinâmica de grupo em uma faculdade local e procurar ajuda de um colega confiável, que servisse como um supervisor informal.

Vamos considerar também como Juan, executivo de marketing da divisão da América Latina de uma grande companhia de energia, completou esse passo. Juan foi encarregado de fazer a empresa crescer na Venezuela, seu país natal, assim como em toda a região – um trabalho que exigia que fosse conselheiro e visionário e que tivesse uma perspectiva encorajadora e otimista. No entanto, o feedback de 360 graus revelou que Juan era visto como intimidador e autocentrado. Muitos dos seus subordinados diretos o consideravam um resmungão – impossível de agradar quando estava em seus piores momentos e capaz de causar grandes desgastes emocionais quando estava em seus melhores dias.

Identificar esse descompasso permitiu que Juan bolasse um plano, com passos viáveis, para melhorar. Ele sabia que precisava aperfeiçoar seus poderes de empatia caso quisesse assumir o papel de orientador. Assim se comprometeu a realizar diversas atividades para exercitar essa habilidade. Por exemplo, Juan decidiu conhecer melhor cada um dos subordinados; se entendesse melhor quem eles eram, acreditava, teria mais capacidade de ajudá-los a atingir seus objetivos. Planejou encontrar cada um fora do ambiente de trabalho, onde pudessem ficar mais à vontade para revelar seus sentimentos.

Juan também procurou áreas fora do trabalho em que pudesse forjar as habilidades que lhe faltavam – por exemplo, treinar o time de futebol da filha e ser voluntário em um centro de crises local. Ambas as atividades o ajudaram a fazer experiências sobre como entendia os outros e a vivenciar novos comportamentos.

Vamos ver mais uma vez a neurociência em ação. Juan tentava superar comportamentos enraizados – sua abordagem de trabalho havia se estabelecido com o tempo, sem que percebesse. Conscientizar-se desses comportamentos era um passo fundamental para modificá-los. Quando passou a prestar mais atenção, as situações que surgiram – enquanto ouvia uma colega, treinava futebol ou falava ao telefone com alguém desesperado – se tornaram estímulos para abandonar velhos hábitos e tentar novas reações.

Esses estímulos para a mudança de hábitos são tanto neurais quanto de percepção. Pesquisadores da Universidade de Pittsburgh e de Carnegie Mellon mostraram que, enquanto nos preparamos mentalmente para uma tarefa, ativamos o córtex pré-frontal – a parte do cérebro que nos faz agir. Quanto maior a ativação prévia, melhor realizamos a tarefa.

Essa preparação mental se torna particularmente importante quando tentamos substituir um velho hábito por um melhor. Como descobriu o neurocientista Cameron Carter, da Universidade de Pittsburgh, o córtex pré-frontal se torna especialmente ativo quando uma pessoa se prepara para superar uma reação habitual. O córtex pré-frontal despertado direciona o foco do cérebro para o que está para acontecer. Sem esse despertar, a pessoa vai reencenar rotinas já testadas, mas indesejadas: o executivo que simplesmente não escuta vai interromper seu subordinado de novo; o líder grosseiro vai deslanchar outra onda de críticas agressivas e assim por diante. É por isso que um programa de aprendizado é tão importante. Sem um, literalmente não temos o poder mental de mudar.

### "Como faço para que a mudança perdure?"

Em resumo, mudanças duradouras exigem prática. De novo, o motivo está no cérebro. É necessário fazer e refazer, repetir uma vez e outra mais, a fim de abandonar hábitos neurais antigos. Um líder precisa ensaiar um novo comportamento até que se torne automático – isto é, até que o tenha dominado como aprendizado implícito. Somente então o novo circuito substituirá o antigo.

Embora o ideal seja pôr em prática os novos comportamentos, como fez Juan, às vezes visualizá-los já serve. Vejamos o caso de Tom, executivo que queria acabar com o descompasso entre seu eu real (visto por colegas e subordinados como frio e rígido) e seu eu ideal (visionário e conselheiro).

Em seu plano de aprendizado, Tom queria encontrar oportunidades de fazer uma pausa para orientar os subordinados, em vez de pular no pescoço deles quando pressentia que estavam errados. Tom também começou, no caminho até o trabalho, a analisar como lidar com compromissos que teria naquele dia. Enquanto ia para uma reunião de café da manhã com um funcionário que parecia estar atrapalhando um projeto, Tom visualizou um cenário positivo. Ele fazia perguntas e ouvia, a fim de se assegurar de que tinha compreendido totalmente a situação antes de tentar resolver o problema. Ele antecipou que ficaria impaciente, e ensaiou como poderia lidar com esses sentimentos.

Estudos feitos com o cérebro demonstram os benefícios da técnica de visualização de Tom: imaginar algo em vívido detalhe pode acionar os mesmos neurônios que na verdade estão envolvidos em realizar a atividade. O novo circuito cerebral parece passar pelos mesmos passos, fortalecendo conexões, mesmo quando apenas repetimos a sequência em nossa cabeça. Assim, a fim de aliviar os medos associados com a tentativa de tomar caminhos mais arriscados de liderança, devemos antes visualizar alguns cenários similares. Isso fará com que nos sintamos menos esquisitos quando colocamos as novas habilidades em prática.

Experimentar novos comportamentos e aproveitar oportunidades dentro e fora do trabalho para treiná-los – assim como o uso de métodos como o ensaio mental – no final acaba acionando, no cérebro, as conexões neurais necessárias para que a mudança verdadeira ocorra. Mesmo assim, uma mudança duradoura não acontece somente através de experimentos e poder mental. Precisamos de uma ajudinha de nossos amigos.

### "Quem pode me ajudar?"

O quinto passo no processo de autodescoberta e reinvenção é criar uma comunidade de pessoas que o apoiam. Por exemplo, gerentes da Unilever formaram grupos de aprendizado como parte do processo de desenvolvimento executivo. No começo, eles se reuniam para discutir a própria carreira e como estabelecer liderança. Porém, como também foram encarregados de discutir seus sonhos e objetivos de aprendizado, logo perceberam que estavam discutindo não apenas o trabalho, mas também sua vida pessoal. Desenvolveram uma sólida confiança mútua e começaram a se apoiar uns nos outros para ter feedback honesto, enquanto se esforçavam para fortalecer sua capacidade de liderança. Quando isso acontece, o negócio ganha força através de um desempenho mais eficaz. Hoje em dia muitos profissionais criam grupos parecidos, e por bons motivos. Pessoas nas quais confiamos deixam que testemos, sem correr riscos, partes desconhecidas de nosso repertório de liderança.

Não podemos melhorar a inteligência emocional ou mudar o estilo de liderança sem ajuda de outros. Não somente nos exercitamos com outras pessoas, mas também nos apoiamos nelas para criar um ambiente seguro no qual seja possível fazermos experiências. Precisamos de feedback sobre como nossas ações afetam outros e como analisar nosso progresso no programa de aprendizado.

Na realidade, talvez paradoxalmente, no processo de aprendizado autodirigido tiramos partido de outros a cada passo do caminho – desde quando articulamos e refinamos nosso eu ideal e quando o comparamos com a realidade, à análise final que confirma nosso progresso. Nossos relacionamentos nos oferecem o próprio contexto no qual entendemos nosso progresso e compreendemos a utilidade do que estamos aprendendo.

## Humor é o que importa

Quando dizemos que administrar nosso humor e o humor de nossos subordinados é tarefa de uma liderança primordial, certamente não queremos sugerir que é tudo que importa. Como observamos, nossas ações são fundamentais, e nossa disposição e ações precisam estar em sintonia com a organização e com a realidade. Do mesmo modo, reconhecemos todos os outros desafios que os líderes precisam superar – da estratégia de recrutamento ao desenvolvimento de um produto. Tudo faz parte de um longo dia de trabalho.

Mas, quando consideradas em conjunto, as mensagens passadas pelas pesquisas neurológica, fisiológica e organizacional são surpreendentemente claras. Liderança emocional é a centelha que acende o desempenho da empresa, criando um fogo de sucesso ou uma paisagem de cinzas. O humor importa muito.

**Publicado originalmente em dezembro de 2001.**

# Autores

**CLAYTON M. CHRISTENSEN** é professor de Administração na Harvard Business School.

**PETER F. DRUCKER** foi professor de ciências sociais e administração da Claremont Graduate University of California.

**WILLIAM ONCKEN, JR.** foi presidente da William Oncken Corporation até sua morte em 1988.

**DONALD L. WASS** dirige o escritório regional de Dallas-Fort Worth da The Executive Committee (TEC), organização internacional para presidentes e CEOs.

**STEVEN R. COVEY** foi vice-presidente da Franklin Covey, fornecedor global de serviços na área de desenvolvimento de liderança e de produtividade.

**DIANE L. COUTU** é ex-editora sênior da Harvard Business Review.

**TONY SCHWARTZ** é presidente e fundador da Energy Project, em Nova York.

**CATHERINE MCCARTHY** é consultora na Korn Ferry e foi vice-presidente sênior do Energy Project, em Nova York.

**EDWARD M. HALLOWELL** é psiquiatra e foi instrutor da Harvard Medical School por 20 anos. É fundador do Hallowell Center for Cognitive and Emotional Health.

**STEWART D. FRIEDMAN** é professor de administração da Wharton School, na Universidade da Pensilvânia.

**HEIKE BRUCH** é professora de liderança da Universidade de St. Gallen, na Suíça.

**SUMANTRA GHOSHAL** foi professor de estratégia e administração internacional da London Business School.

**ROBERT E. QUINN** é professor de administração empresarial do Margaret Elliott Tracy Collegiate da Ross School of Business da Universidade de Michigan.

**ROBERT S. KAPLAN** é colaborador sênior e professor de desenvolvimento de liderança da Harvard Business School. Ele codesenvolveu o *time-driven activity-based costing* e o *balanced scorecard.*

**DANIEL GOLEMAN** é copresidente do Consórcio para Pesquisa sobre Inteligência Emocional nas Organizações na Rutgers University.

**RICHARD E. BOYATZIS** é chefe do Departamento de Comportamento Organizacional na Weatherhead School of Management da Case Western Reserve University.

**ANNIE MCKEE** faz parte do corpo docente da pós-graduação em educação da Universidade da Pensilvânia.

## CONHEÇA OUTROS TÍTULOS DA *COLEÇÃO HARVARD 10 LEITURAS ESSENCIAIS*

### *Desafios da gestão*

Você irá beber na fonte e aprender com Michael Porter sobre vantagem competitiva, com Daniel Goleman sobre inteligência emocional, com Peter F. Drucker sobre como gerenciar a própria carreira, com Theodore Levitt sobre marketing e com Clayton M. Christensen sobre inovação disruptiva.

Este livro também vai lhe mostrar como:

- usar a inteligência emocional para melhorar seu desempenho
- avaliar seus pontos fortes e fracos para gerir sua carreira
- entender quem são seus clientes e descobrir o que desejam
- estimular a inovação em empresas tradicionais
- criar vantagem competitiva e distinguir sua empresa da concorrência
- criar um plano para realizar mudanças

*Gerenciando pessoas*

Este livro vai inspirar você a:

- adequar seu estilo de gestão à necessidade de seu pessoal
- motivar dando mais responsabilidade e não mais dinheiro
- ajudar os gestores e líderes de equipe de primeira viagem
- desenvolver confiança pedindo a opinião e a colaboração dos outros
- ensinar pessoas inteligentes a aprender com os próprios erros
- desenvolver equipes de alta performance
- gerenciar o seu chefe

## CONHEÇA OUTROS TÍTULOS DA *COLEÇÃO HARVARD UM GUIA ACIMA DA MÉDIA*

### *Negociações eficazes*
Jeff Weiss

Aprenda a sair de um processo de concessões sucessivas e a trabalhar de maneira colaborativa e criativa com a outra parte, construindo acordos e relacionamentos melhores. Veja também como:

- preparar-se com antecedência
- dar o tom certo à conversa
- compreender o que de fato está em jogo
- lidar com as emoções
- desarmar negociadores agressivos

### *Apresentações convincentes*
Nancy Duarte

Aprenda a calcular o tempo certo de uma palestra sem correr o risco de entediar os participantes, decidir se é ou não necessário usar o PowerPoint e escolher um layout e as melhores imagens para os slides. Veja também como:

- conectar-se com o público
- organizar uma narrativa coerente
- conquistar plateias resistentes
- montar slides interessantes e marcantes
- divulgar suas ideias por meio das redes sociais

## CONHEÇA ALGUNS DESTAQUES DE NOSSO CATÁLOGO

- Augusto Cury: Você é insubstituível (2,8 milhões de livros vendidos), Nunca desista de seus sonhos (2,7 milhões de livros vendidos) e O médico da emoção
- Dale Carnegie: Como fazer amigos e influenciar pessoas (16 milhões de livros vendidos) e Como evitar preocupações e começar a viver
- Brené Brown: A coragem de ser imperfeito – Como aceitar a própria vulnerabilidade e vencer a vergonha (600 mil livros vendidos)
- T. Harv Eker: Os segredos da mente milionária (2 milhões de livros vendidos)
- Gustavo Cerbasi: Casais inteligentes enriquecem juntos (1,2 milhão de livros vendidos) e Como organizar sua vida financeira
- Greg McKeown: Essencialismo – A disciplinada busca por menos (400 mil livros vendidos) e Sem esforço – Torne mais fácil o que é mais importante
- Haemin Sunim: As coisas que você só vê quando desacelera (450 mil livros vendidos) e Amor pelas coisas imperfeitas
- Ana Claudia Quintana Arantes: A morte é um dia que vale a pena viver (400 mil livros vendidos) e Pra vida toda valer a pena viver
- Ichiro Kishimi e Fumitake Koga: A coragem de não agradar – Como se libertar da opinião dos outros (200 mil livros vendidos)
- Simon Sinek: Comece pelo porquê (200 mil livros vendidos) e O jogo infinito
- Robert B. Cialdini: As armas da persuasão (350 mil livros vendidos)
- Eckhart Tolle: O poder do agora (1,2 milhão de livros vendidos)
- Edith Eva Eger: A bailarina de Auschwitz (600 mil livros vendidos)
- Cristina Núñez Pereira e Rafael R. Valcárcel: Emocionário – Um guia lúdico para lidar com as emoções (800 mil livros vendidos)
- Nizan Guanaes e Arthur Guerra: Você aguenta ser feliz? – Como cuidar da saúde mental e física para ter qualidade de vida
- Suhas Kshirsagar: Mude seus horários, mude sua vida – Como usar o relógio biológico para perder peso, reduzir o estresse e ter mais saúde e energia

CONHEÇA OS TÍTULOS DA *HARVARD BUSINESS REVIEW*

10 LEITURAS ESSENCIAIS

Desafios da gestão

Gerenciando pessoas

Gerenciando a si mesmo

Para novos gerentes

Inteligência emocional

Desafios da liderança

Lições de estratégia

Gerenciando vendas

Força mental

UM GUIA ACIMA DA MÉDIA

Negociações eficazes

Apresentações convincentes

Como lidar com a política no trabalho

A arte de dar feedback

Faça o trabalho que precisa ser feito

A arte de escrever bem no trabalho

SUA CARREIRA EM 20 MINUTOS

Conversas desafiadoras

Gestão do tempo

Feedbacks produtivos

Reuniões objetivas

COLEÇÃO INTELIGÊNCIA EMOCIONAL

Resiliência

Empatia

Mindfulness

Felicidade